Schriften
des
Vereins für Sozialpolitik.

157. Band.

Neue Beiträge zur Neuordnung der deutschen Finanzwirtschaft.

Herausgegeben von Heinrich Herkner.

Zweiter Teil.

Heinrich Dietzel: Englische und preußische Steuerveranlagung. Ein Vergleich des englischen mit dem preußischen System der Einkommensbesteuerung (Quellenprinzip contra Empfängerprinzip).

Verlag von Duncker & Humblot.
München und Leipzig 1919.

Englische und preußische Steuerveranlagung

Ein Vergleich des englischen mit dem preußischen System der Einkommensbesteuerung (Quellenprinzip contra Empfängerprinzip).

Von

Heinrich Dietzel.

Verlag von Duncker & Humblot.
München und Leipzig 1919.

Alle Rechte vorbehalten.

Altenburg
Pierersche Hofbuchdruckerei
Stephan Geibel & Co.

Inhalt.

Einleitung	1
I. Das englische System und seine Bewertung durch die deutsche Wissenschaft	9
II. Vorurteile betreffs der Income tax	14
III. Einwände wider das Quellenprinzip	20
1. Die „Weitläufigkeiten". S. 20. — 2. Schwierigkeiten der Durchführung des Postulates der Differentiation und der Graduation. S. 23.	
IV. Die finanz- und sozialpolitische Überlegenheit des Quellenprinzips	32
V. Das Quellenprinzip und das Einkommen aus Kapitalvermögen	41
1. Mangelhafte Einsteuerung dieses Einkommens bei Empfängerprinzip; Umfang der Defraude. S. 41. — 2. Gewaltige Zunahme dieses Einkommens zufolge des Krieges. S. 45. — 3. Gefahr der Steuerflucht ins Ausland. S. 47.	
VI. Das Quellenprinzip und das sonstige Einkommen	55
1. Unternehmergewinn. S. 54. — 2. Bodenrente. S. 55. — 3. Arbeitsentgelt. S. 57.	
Schlußwort	61

Literatur.

F. v. Raumer, Das britische Besteuerungssystem. 1809.
C. G. Kries, Ergebnisse der preußischen Einkommensteuer und Vorschläge zu ihrer Verbesserung: in „Zeitschrift f. d. ges. Staatsw.". 1855.
P. Haensel, Erbschaftssteuer in England. Finanzarchiv, Bd. XXV.
E. Lauterbach, Staats- u. Kommunalbesteuerung in Deutschland, England usw. 1906.
W. G. Hertz, Besteuerung der Ausländer im britischen Reich. 1910.
W. Lotz, Finanzreform im heutigen England. 1910.
F. Harzendorf, Einkommensteuer in England. 1914.
W. Prion, Steuer- und Anleihepolitik in England während des Krieges. 1918.
Fabian Society, Wie bezahlen wir den Krieg? 1918.
G. Bamberger, Finanzvorschläge. 1915.
H. Dietzel, Reichsnachlaßsteuer oder Reichsvermögenssteuer. 1909.
F. Meisel, Stand und Wert der deutschen Finanzwissenschaft, in: „Schuhmacher-Spiethoff Jahrbuch" usw. 1918.
A. E. Schäffle, System der Steuerpolitik. 1880.
W. Roscher, System der Finanzwissenschaft. 1880.
G. Cohn, System der Finanzwissenschaft. 1889.
W. Bocke, Grundzüge der Finanzwissenschaft. 1894.
Ad. Wagner, Spezielle Steuerlehre, in: G. v. Schönberg, Handb. d. Pol. Ök. (4. Aufl.)
Ad. Wagner u. H. Deite, Finanzwissenschaft, Teil III. 1912.
W. Lotz, Finanzwissenschaft. 1917.
Staatssekretär Schiffer, Deutschlands Finanzlage und Steuerpolitik. 1918.

Einleitung.

„Es wäre gut," meinte Graf Posadowsky in der Reichstagssitzung vom 1. März 1918, „wenn der Schatzsekretär mit den Vertretern der Einzelstaaten einmal darüber beriete, wie die Steuerveranlagung technisch zu verbessern ist; eine wesentliche Besserung tut unbedingt not." Bald darauf erklärte der preußische Finanzminister, die Steuerveranlagung müsse „intensiver vertieft und viel weiter ausgestaltet werden . . . erste Voraussetzung der Gerechtigkeit in der Besteuerung ist gleichmäßige Veranlagung; die Gleichmäßigkeit fehlt heute; wir können damit nicht länger warten". Und in dem Vortrag, den jüngst Herr Schiffer über Deutschlands Finanzlage hielt, hieß es: die Hauptsache sei, daß „die neuen Steuern nicht nur geschaffen werden, sondern daß sie auch eingehen; dafür bedarf es völliger Reform des Veranlagungswesens".

Völlige Reform des Veranlagungswesens — so lautet die dringlichste Forderung des Tages. Heute quält uns die grausame Notwendigkeit, Riesensummen zu mobilisieren mittels Besitzbesteuerung; das heißt: mittels der Steuerform, welche mit dem Maximum von Veranlagungsschwierigkeiten zu ringen hat. Mag man auch Tabak und Zucker noch kräftiger bluten lassen, den Luxus der Minderheit in noch mehr Gestalten treffen, die Generalakzise noch höher greifen, die Umsätze an der Börse noch ärger bepacken als bisher — das Gros der x Milliarden wird nur im Wege der Einkommens-, Erbschafts- und Vermögenssteuer aufgebracht werden können; aus Rücksichten wirtschaftlicher Zweckmäßigkeit und sozialer Gerechtigkeit so aufgebracht werden müssen. Heute drängt diese schon seit lange anstehende Frage gebieterisch zur schleunigen, wurzeltiefen Lösung.

An Projekten fehlt es nicht. Einige finden nahezu allgemeinen Beifall, sind, mindestens teilweise, in Tat umgesetzt: Vermehrung des Steuerpersonals; Ersetzung der Landräte als Vorsitzende der Veranlagungskommissionen durch hauptamtliche Kommissare. Mit anderen vermag sich die öffentliche Meinung bisher weit weniger zu befreunden.

Der Buchführungszwang, von manchen Seiten eifrig befürwortet, gilt vielen noch als unerträglich. Aber, nachdem er über die Millionen, welche der Umsatzsteuer unterliegen, verhängt worden, scheint mir jeder Grund, die Subjekte der Einkommensteuer damit zu verschonen, weggefallen zu sein. Daß er, wenn auch weitesten Kreisen fatal, doch „dem wohlverstandenen Interesse Aller entspreche", überaus erziehlich wirken werde, und, wenn der Steuergesetzgeber sich darauf beschränkt, nur eine kurze „Anschreibung der Einnahmen und Ausgaben" zu heischen, jedermann zugemutet werden dürfe, ist in den Beratungen des Hauptausschusses vom Mai 1918 mit vollstem Recht, von Abgeordneten nahezu aller Parteien, nachdrücklichst betont worden.

Noch stärkeren Widerspruch begegnet wohl der Plan, die Steuerbehörde mit dem Recht zu bekleiden, Banken, Sparkassen, Genossenschaften, Versicherungsgesellschaften usw. über Bezüge, Guthaben, Effektendepots ihrer Kundschaft zu inquirieren. Zweifellos hat solcher Auskunftszwang — den übrigens unser Generalgouvernement für Belgien bei der Steuer auf bewegliches Vermögen verfügt hatte (Verordnung vom 29. Juli 1917) — Bedenken. Aber, je kräftigeres Andrehen der Einkommensteuerschraube sich benötigt, desto unumgänglicher wird leider solcher Zwang. Daß die Regierungen des Reichs, bezüglich Preußens von ihm künftig Gebrauch zu machen vorhaben, ist aus verschiedenen Äußerungen in letzter Zeit mit Sicherheit zu schließen [1].

Selbst Verschärfung des Steuerstrafrechts, Belegung der Drückeberger mit Gefängnis und Verlust der bürgerlichen Ehrenrechte, will Manchem noch nicht in den Sinn. Aber absichtliche Hinterziehung — für fahrlässige genügt ja die mildere Form der Geldbuße — weist doch alle Merkmale des Betruges (§ 263 des Strafgesetzbuchs) auf. Warum soll denn Betrug gegen „Unbekannt" besser wegkommen als Betrug gegen A.; warum soll, wer sich durch dolose Falschdeklaration einen widerrechtlichen Vermögensvorteil verschafft auf Kosten der Gesamtheit seiner steuerpflichtigen Volksgenossen, ein Privileg haben vor demjenigen, welcher nur einem Einzelnen wirtschaftlichen Schaden zufügt? Auch Verschärfung des Steuerstrafrechts steht wohl sicher in Aussicht; in jenem, oben bereits zitierten Vortrage, hat der Schatzsekretär erklärt: Steuerflucht in Ausland werde künftig, unter anderm, mit Ächtung bedroht werden: es wäre eine sonderbare Inkonsequenz, wenn dann nicht auch gegen die, welche Steuerflucht im Inlande treiben, wesentlich härter verfahren würde [2].

---

[1] Für England wird der Auskunftzwang vertreten in dem Fabier-Votum, a. a. O., S. 165.

[2] Es fehle noch — hat Potthoff jüngst geklagt — die „gesellschaftliche Anerkennung des Satzes, daß Steuerdrückerei zu beurteilen sei wie Fahnenflucht"; d. h., um mit der Begründung des Gesetzentwurfs betr. Steuerflucht zu reden, als „Ausfluß einer besonderen ehr= und vaterlandslosen Gesinnung". („Hilfe" 1918, S. 274.)

Jeder, der unsere Veranlagungsmisere kennt, und sie bildet doch wahrlich ein öffentliches Geheimnis, wird dies Reformprogramm billigen. „Auf die Opinion — schrieb der Freiherr von Stein damals, als die Idee einer straffen Besitzbesteuerung bei uns zuerst auftauchte — ist keine Rücksicht zu nehmen"; der in Steuersachen tief eingewurzelte Egoismus muß niedergerungen, die verwilderte öffentliche Meinung muß „durch ernsthafte Strafmittel berichtigt, darf nicht durch Schonung und Nachgiebigkeit noch mehr irregeleitet werden" [1]. Nur ist dieses Programm leider noch nicht „durchgreifend" genug [2].

Nach Vervollkommnung des personalen Steuerapparates in quantitativer und qualitativer Hinsicht wird zwar — daran kann kein Zweifel sein, dafür gibt's bereits eine ganze Reihe beweiskräftiger Belege [3] — der Geldstrom reichlicher fließen; aber auch dann noch längst nicht soviel Wasser auf des Fiskus Mühlen treiben, als diesem, anbetracht des wirklichen Betrages des steuerpflichtigen Volkseinkommens eigentlich zukäme. Denn das Interesse der Zensiten, sich tunlichst zu entlasten, ist ungleich stärker als das Interesse der Beamten, sie nach Gebühr zu belasten; im Vergleich zu diesen, die pro patria sich mühen, entfalten jene, die pro domo kämpfen, weit größere Energie, sind weit erfinderischer in Listen. Verhängt der Gesetzgeber den Buchführungszwang, so leitet er zwar manchen, der sonst vielleicht abgeirrt wäre, auf den Pfad der Tugend; aber er verleitet auch manchen zur Sünde der Fälschung. Wird den Banken usw. der Auskunftszwang auferlegt, so werden zwar die einen mehr Treu und Redlichkeit üben; aber die andern reagieren dadurch, daß sie ihre Bargelder und Wertpapiere in den sicheren Hafen des eigenen Arnheims retten, und schmuggeln nach wie vor. Verschärfung des Steuerstrafrechts stimmt zwar vorsichtiger; aber, da es recht schwer hält, den Pflichtigen absichtliche Hinterziehung nachzuweisen, so fruchtet sie doch nicht allzuviel [4].

---

[1] Zitiert nach Cohn, a. a. O., S. 416.

[2] Als „durchgreifende Mittel" bezeichnet Bamberger, a. a. O., S. 34, den Buchführungszwang usw.

[3] In den Verhandlungen des Landtags ist mehrfach mitgeteilt worden, eine wie starke Erhöhung des Steuerertrágnisses sich nach Einsetzung hauptamtlicher Kommissare ergeben habe. — Darüber, daß in England dank Vermehrung des Steuerpersonals Defraude viel seltener geworden sei, vgl. das Fabier-Votum, S. 167.

[4] Wie viel sie fruchtet, hängt wesentlich davon ab, ob es gelingt, den „sehr gewandten Leuten, welche gewerbsmäßig Steuererklärungen aufstellen und Steuerbeschwerden bearbeiten", den „Spezialisten für schwierige Steuerfragen" — über deren Treiben jüngst Graf Posadowski zürnte — das Handwerk zu legen. Darauf müßte bei Verschärfung des Steuerstrafrechts Acht gegeben werden. Sie, die sich selbst keinen „widerrechtlichen Vermögensvorteil verschaffen", tragen oft mehr Schuld

Von dem bisherigem Zustande urteilt ein Praktiker: „die Technik versagt vollkommen; nach fast zwanzigjähriger Geltung des Einkommensteuergesetzes sind wir wieder um eine Hoffnung ärmer: der Steuererfolg bleibt, je älter die Steuer wird, destomehr hinter den Erwartungen zurück"[1]. Selbst im Falle vollständiger Erfüllung jenes bisher zur Erörterung stehenden Wunschzettels würde der Steuererfolg nur um Einiges sich verstärken, würden wir binnen kurzem wieder um eine Hoffnung ärmer sein!

Wenn unser Latein mit jenen, wie gesagt, keinenfalls zu verschmähenden Maßnahmen zu Ende wäre, dann träfe der Satz Ad. Wagners zu, daß eine „realistische", das heißt: der Widerstände, auf welche wahrheitsgemäße Veranlagung stößt, sich vollbewußte Auffassung, zu dem Schlusse führe: durch Besitzbesteuerung könne der Finanzbedarf „bestenfalls nur zu mäßiger Quote gedeckt werden"[2]. Dann gälte es, trotz gewichtigster dagegen sprechender Gründe, nicht nur Artikel des sogenannten Massenluxus und solche des Eliteluxus noch weit mehr zu bebürden, sondern auch unentbehrliche Dinge (bei der Kohle ist's ja bereits geschehen; und die Kohlensteuer wälzt sich fort auf eine Menge von Existenzgütern) dem Zugriff des Reichs zu unterwerfen; dann gälte es, den Abgaben in Steuerform noch weitere in Monopolform beizugesellen, „Sozialisierung" zu betreiben aus fiskalischen Motiven.

Ohne Zuhilfenahme der Verbrauchsbesteuerung läßt sich die Herkulesarbeit der Mobilisierung der Riesensummen, die unser armes, aus tausend Wunden blutendes Volk sich abzuringen hat, schlechterdings nicht lösen; das gesteht selbst die Sozialdemokratie, soweit vom Doktrinarismus Lassalle's freigeworden, zu[3]. Aber die große Quote des gigantischen Steuerplus kann und muß, wiederhole ich, die Besitzbesteuerung heranschaffen. „In den Geldnöten wird, das ist sonnenklar, trotz aller Ausflüge aufs Gebiet der Phantasie, nichts helfen als eine fabulose Einkommensteuer"[4]. Was die Fabier für England gesagt haben, trifft auch für Deutschland zu.

---

als die Zensiten: verleiten diese, weisen ihnen wenigstens erst die Wege zur Defraude.

[1] Rohde, zitiert nach Bamberger, a. a. O., S. 33.

[2] Ad. Wagner, in Schönbergs Handbuch, S. 451 (4. Aufl.).

[3] „Kein vernünftiger Mensch wird annehmen, daß die x Milliarden lediglich aus der Besitzbesteuerung entnommen werden können," schreibt z. B. Keil („Neue Zeit" 1918, S. 75).

[4] Fabier-Votum, S. 139, 146.

Die Einkommensteuer — an dies Bekenntnis Bismarcks seien die erinnert, welche jetzt bei uns das Lob der „sanftmütigen Akzise" auf Kosten der „grausamen Schatzung" singen, und dabei so gern auf ihn sich berufen[1] — „ist unstreitig dem Prinzip nach die gerechteste und vernünftigste von allen; welche Mängel auch vermöge menschlicher Unvollkommenheiten ihrer Ausführung ankleben mögen". Die Mängel liegen allein in den Veranlagungsschwierigkeiten[2]. Diese akzentuieren sich — da jede Erhöhung des Steuerfußes den Anreiz zum Mogeln steigert und zwar nicht nur proportional, sondern progressiv — desto stärker, je größer der Finanzbedarf. Je schärfer der Fiskus den Zensiten zu Leibe zu gehen sich gezwungen sieht, desto höher schwillt bei ihnen die Neigung zur Steuerflucht, womöglich in's Ausland, an; desto sorglicher hat der Fiskus alle Schlupflöcher zu verstopfen. Heute, wo der Finanzbedarf ins nie und nirgends Dagewesene geht, ist den „menschlichen Unvollkommenheiten" mit jenen kleinen Mitteln noch weit weniger beizukommen als vor dem Kriege[3].

Aber steht nicht noch ein großes Mittel in Reserve? Ich meine den Übergang zu der seit alters in England befolgten Steuertechnik. Dort wird das Einkommen erfaßt an der Quelle; das heißt: „bevor es die Person, welche es bezieht, erreicht". Es wird nicht erfaßt wie bei uns beim Empfänger, der Steuerzahler und Steuerträger zugleich ist, sondern bei einem Dritten, der nur Steuerzahler, nicht Steuerträger sein soll; bei einer Zwischenhand,

---

[1] Im Lager der Verbrauchsteuerung gibt es heute eine Reihe wirklich „sonderbarer Schwärmer": z. B. W. Schmidt (Abbürdung der Kriegskosten, 1918); vgl. „Hilfe" 1918, S. 96.

[2] Daß die Einkommensteuer, allgemeiner: die Besitzbesteuerung, nur wegen der Veranlagungsschwierigkeiten, d. h. vom Verteilungsstandpunkte, Bedenken gegen sich habe, nicht vom Produktionsstandpunkte — als, wie die besitzende Klasse überall zu fabeln pflegt, Hemmschuh der Kapitalbildung — hat bereits Pitt (Rede v. 18. Februar 1805) klar und scharf betont: „direct taxes are more inconvenient in collection, but more economical than taxes on consumption"; es wäre „höchst wünschenswert", von der Verbrauchsbesteuerung Abstand zu nehmen; nur machten „peculiar circumstances", eben die Veranlagungsschwierigkeiten der Besitzbesteuerung, solchen Verzicht unmöglich.

[3] „Wenn wir mehr zu zahlen haben," heißt es bei Meisel (a. a. O.), so wird ärger defraudiert; im Kriege sei „Selbstsucht im größten Stile hervorgetreten, schamlos und verbrecherisch". Mit solcher Unmoral, fragt Potthoff („Hilfe" 1918, S. 218), sollen wir eine Kriegsschuld von 200 Milliarden verzinsen und tilgen? Das sei unmöglich. „Vorher muß ein Aufstieg der Steuermoral, der sozialen Verantwortung und Opferbereitschaft, kommen" — muß diese Ethisierung „vorher" erfolgen, so werden wir die Verzinsung und Tilgung auf Sankt Nimmerleinstag zu verschieben gezwungen sein!

welche die Steuer weiter geben wird an das eigentliche Steuersubjekt; zum Beispiel beim Zinsschuldner, statt beim Zinsgläubiger. Diese Steuertechnik, diese Gestaltung der Einkommensteuer als indirekte Steuer — wie die meisten Verbrauchs- und Erwerbssteuern gestaltet sind — ist, so meint man drüben, „mainly responsible for the present development of the income tax and the ease, with which it is collected"[1], für die Größe des Erträgnisses und die Geringfügigkeit des Reibungswiderstandes, unter dem die Income tax erhoben wird.

Während im Frühjahr 1918 der preußische Finanzminister einen Satz der Einkommensteuer von 20% als ein für ihn unannehmbares „Extrem" bezeichnete — mit vollstem Recht; denn im Zeichen der überkommenen Steuertechnik würde bei so scharfem Anreißen der Steuerschraube „die Ungerechtigkeit eines Zustandes, bei dem der Eine (Beamte) den letzten Groschen versteuert, der Andere (zum Beispiel der Kouponsschneider) noch nicht den dritten oder vierten Teil seines Einkommens"[2], schlechterdings unerträglich werden; würde ein Steuerkampf äußerster Heftigkeit entbrennen — lag dem britischen Unterhause eine Bill vor, welche eine Belastung bis zu 51% forderte und Annahme fand. England erfreut sich eben eines Besitzsteuersystems, dank welchem Hinterziehung längst nicht in dem Maße zu befürchten steht als in Preußen. Dreierlei kommt in Betracht.

Erstens wird in England die Einkommensteuer schon seit lange unterstützt durch eine allgemeine Erbschaftssteuer. Zufolge solcher Steuer (besonders wenn sie, wie dort, sowohl die Erbmasse als ganze, wie die einzelnen Erbanteile trifft) erleichtert sich dem Fiskus die Mühe der Einschätzung der Zensiten, bezüglich der Prüfung ihrer Selbstangaben zur Einkommensteuer wesentlich; ohne solche Hilfe „muß die Einkommensteuer stets weit zurückbleiben hinter dem Erträgnis, das nach dem Steuerfuß zu erwarten wäre"[3]. In Preußen fehlt eine allgemeine Erbschaftssteuer. Seit 1913 gibt es sie zwar im Reiche; aber sie befriedigt, eingewickelt in die Vermögenszuwachssteuer, noch keineswegs, nutzt als Wahrheitsbürge vergleichsweise wenig.

Zweitens erfolgt in England die Deckung des Finanzbedarfs der Kommune durch besondere Lokalsteuern; daraus entspringt für die Veranlagung zur Einkommensteuer ein doppelter Vorteil. Einerseits liefert „für

---

[1] Artikel „Income tax" der Encyclopaedia Britannica.

[2] Cohn, a. a. O., S. 424,

[3] Th. v. Eheberg, Finanzwissenschaft, S. 318. — Vgl. meine oben zitierte Schrift, wo die Bedeutung der Erbschaftssteuer als „Wahrheitsbürge" ausführlich behandelt wird.

die Fassionen zur Einkommensteuer die Veranlagung zu den Lokalsteuern ein Kontrollmittel" (Wagner-Deite). Andererseits wirkt das Fürsichstehen der Einkommensteuer dem Hange zur Defraude entgegen: in Preußen wird häufig gemogelt weniger, um den Zugriff des Staates zu entgehen, der bisher ja leidlich milde war; als aus Angst vor den vielerwärts überaus hohen Zuschlägen seitens der Kommunen.

Drittens bietet eben die Technik der britischen Einkommensteuer selbst weit größere Gewähr wahrheitsgemäßer Veranlagung als die preußische Einkommensteuer. Auch das Quellenprinzip zeitigt natürlich kein ideales Ergebnis; auch ihm kommen die „menschlichen Unvollkommenheiten" in die Quere; nur weit weniger als bei Empfängerprinzip [1].

Bei uns ist jüngst viel Aufhebens gemacht worden von den heroischen Steuerleistungen jenseits des Kanals; und die Lösung des Rätsels, daß die englische Regierung „wagen durfte, ihre laufenden Einkünfte in ein Verhältnis zu den Kriegslasten zu bringen, wie es keiner der Kriegführenden, einschließlich Deutschland auch nur annähernd erreichte" — gefunden in der „politischen Einsicht des Volks, seinem Verständnis für staatliche Notwendigkeiten, seiner Opferwilligkeit" (Frankfurter Zeitung). Allerdings — der Verlauf der Dinge seit dem 9. November bekundet es leider mit furchtbarer Deutlichkeit — sind politische Einsicht und Verständnis für staatliche Notwendigkeiten bei uns noch rare Tugenden. Aber, ist drüben die Opferwilligkeit, auf die es doch letztlich ankommt, größer als hüben? Im Votum der Fabier heißt es: „wir sträuben uns noch beinahe eben so kräftig gegen das Steuerzahlen wie früher". Wie erklären sich denn die heroischen Steuerleistungen?

„Bei hohem Steuerfuß," schrieb neulich Oberregierungsrat Porcher in der „Kölnischen Zeitung", „muß jeder Staatsbürger überzeugt sein, daß ebenso wie er selbst auch jeder andere nach seinem wirklichen Einkommen zur Steuer herangezogen werde; dann, aber auch nur dann, wird er hohe direkte Steuer willig ertragen"; sonst kneift er einfach propter invidiam. Diese Überzeugung hat drüben der Staatsbürger dank der Flankierung der Einkommensteuer durch die Erbschaftssteuer, dem Fürsichstehen der Einkommensteuer, dem Quellenprinzip. „Die erfahrensten Steuerbeamten glauben, daß nicht mehr als 1% des steuerbaren Einkommens der englischen Einkommensteuer entgehe"[2]. Hüben weiß er — wenn er

---

[1] So bezeichne ich im Folgenden kurz das bei uns übliche Einsteuerungsverfahren.

[2] Fabier-Votum, S. 167. Aus anderen, unten zu berührenden Ausführungen

überhaupt etwas weiß von öffentlichen Dingen — daß nur gewisse Gruppen gemäß ihrem wirklichen Einkommen zahlen; andere weniger, häufig weit weniger, als sie sollten. Daher erträgt der Engländer eine Steuer, die bis zu 51 % des Einkommens kapert. Der Preuße dagegen dürfte, solange das Empfängerprinzip aufrecht bleibt, selbst eine Steuer, die bei 20 % Halt machte, nicht hinnehmen; da dann Steuergerechtigkeit umschlüge in schlimmste Willkür, „deren Grad abhinge von dem Maße der Kühnheit oder Frechheit der Einen und von dem Rechtsgefühl der Andern" (Meisel).

Über mangelnde „Großzügigkeit" hat man bei uns besonders aus dem Lager der Radikalen geklagt: England, welches das ungeheuerliche Steuerplus zumeist im Wege der Besitzbesteuerung bewältigte, hätte uns „Vorbild und Ansporn sein müssen" (Frankfurter Zeitung). Aber das britische Beispiel hinsichtlich Wahl der Steuerform läßt sich nicht nachahmen ohne Rezeption der dortigen Steuertechnik!

---

des Votum ist aber zu entnehmen, daß wohl erheblich mehr entgeht als 1 % — nur viel weniger als bei uns.

I. Das englische System und seine Bewertung durch die deutsche Wissenschaft.

England bedient sich der indirekten Methode der Einkommensbesteuerung bereits seit 1803.

Damals herrschte ärgste Klemme; 1792/1800 war die Staatsausgabe von 20 auf 57 Millionen £, die Staatsschuld von 262 auf 637 Millionen £ gestiegen. Uns, die wir gewöhnt sind "in Milliarden zu denken", mutet dieses Wachstum auf den ersten Blick ziemlich bescheiden an. Aber bei Erwägung, daß das Inselreich damals erst 12 Millionen Einwohner zählte, die zumeist ein nur recht kümmerliches Auskommen hatten[1], begreift sich, daß es den Zeitgenossen "truly gigantic" vorkam. Nachdem Pitt zunächst vergeblich versucht hatte, das Gleichgewicht im Budget durch gewaltsames Emporsetzen der Verbrauchsabgaben zu erreichen, schrieb er 1797 eine 10%ige Einkommensteuer aus, die aber wegen "shameful evasions or rather scandalous frauds", wie er klagte, kaum 6 Millionen £ brachte, statt, wie veranschlagt, 10 oder schlimmstenfalls 7½.

Nach dem Frieden von Amiens verabschiedet, kehrte die "inc. and prop. tax", da alsbald die Türen des Janustempels wieder aufsprangen, schon im folgenden Jahre zurück. Unter gleichem Namen, aber gewandelt in einem wesentlichen Punkte. Addison, der jetzige Schatzkanzler, war der Überzeugung, daß nicht die Steuer an sich — nicht das unerhörte Unterfangen, die besitzende Klasse gemäß ihrem wirklichen Einkommen zu belasten; dies Unterfangen, dessen sich bisher nur die sonderbaren Schwärmer vermessen hatten, welche dem Sonnenkönig zur "dîme royale" rieten — den kläglichen Mißerfolg des Experiments von 1797 verschuldet habe[2]. Sondern das irrationelle, mit den "menschlichen Unvollkommenheiten" zu wenig rechnende Veranlagungsverfahren.

Die frühere Steuer war eingetrieben worden bei dem zur Deklaration seines Totaleinkommens verpflichteten Empfänger. Die neue wurde erhoben an der Quelle: beim Pächter, Mieter, Zinsschuldner, Arbeitgeber; auf "disclosure" des Totaleinkommens verzichtete der Fiskus, begnügte sich mit möglichst er-

---
[1] Der wirtschaftliche Aufschwung Englands hatte ja erst gegen 1780 begonnen!
[2] Hertz, a. a. O., S. 7.

after Ermittlung der Teileinkommen (Bodenrente usw.). Und — nunmehr kam bei zunächst bloß 5%igem Steuerfuß gleich viel ein wie 1797/1802 bei 10%. Nach Erhöhung des Steuerfußes auf 10% stieg das Erträgnis auf 16 Millionen £; fast das Dreifache des Produktes der Vorläuferin.

Als das Ringen um der Welt alleinigen Besitz sein Ende gefunden, sah sich das britische Kabinett gezwungen, dies so elastische Deckungsmittel das es, wenn auch mit ermäßigtem Satze, gern in der Hand behalten hätte, dranzugeben. Erst 1842 — zufolge Mißernten, Unruhen in China und Indien, Verminderung der Post- und der Zolleinkünfte mußte eine Menge Geld herbeigeschafft werden — gelang es Peel, dem Haus der Gemeinen eine Bill abzuringen, welche die Abgabe von 1803, trotz aller Wandlungen, die Englands Wirtschaftsleben seitdem durchgemacht, auferstehen ließ „wie ein Phönix aus der Asche"[1]. Und so oft auch in der Folgezeit parlamentarische Kommissionen und wissenschaftliche Autoritäten (Senior, Mill, Fawcett, Giffen) das Kind der Kriegsnot auf Herz und Nieren prüften; so viele „most important changes" der materielle Inhalt der Income tax auch erfuhr — der Trick des „Abfangens an der Quelle", den 1803 ein guter Menschenkenner ersann, ist meines Wissens völlig unangefochten geblieben; an diesem Prinzip ist von 1842 bis heute hartnäckig festgehalten worden!

Die indirekte Methode hat sich eben glänzend bewährt; dank ihr klingt drüben ungleich mehr Geld in den Staatskasten, als hüben bei direkter Methode[2]. Weil jene dem Steuerbetrug so viel wirksamer wehrt als diese, bringt in England selbst brutales Manipulieren mit der Steuerschraube — wie einst im Krimkrieg und im Burenkrieg, und jetzt wieder — die Volksstimme nicht zum Schreien; wenigstens nicht über Willkür. Während des Krieges (vom Fiskaljahr 1914/15 bis einschließlich 1917/18) hat die Income tax, deren Erträgnis 1913/14 sich auf 47 Millionen £ belaufen hatte, zufolge immer stärkerer Erhöhung des Steuerfußes insgesamt rund 600 Millionen £ geliefert — im Durchschnitt also 150 Millionen £, das mehr als Dreifache des Erträgnisses des letzten Friedensjahres; für 1918/19 war ein Erträgnis von 290 Millionen £ vorgesehen. Daneben hat noch die Erbschaftsteuer, deren Steuerfuß nicht erhöht wurde, etwa 120 Millionen £ beigetragen; und die Kriegsgewinnsteuer, die zuletzt bis 80% ging, 360 Millionen £[3].

---

[1] Es wurde nur die Befreiungsgrenze, welche früher bei 50 £ Gesamteinkommen gelegen hatte, jetzt auf 150 £ hinaufgesetzt und den landwirtschaftlichen Pächtern eine Ermäßigung des Steuersatzes zugestanden; Harzendorf, a. a. O., S. 58.   [2] Vgl. unten V u. VI.
[3] Genauere Angaben bei W. Prion, a. a. O.

Jetzt gebietet sich auch in Deutschland solch brutales Manipulieren; noch brutaleres, als in England jemals stattzufinden brauchte. Jedoch, wenngleich von den verschiedensten Seiten auf völlige Reform des Veranlagungswesens, als unumgängliche Vorbedingung, gedrungen wird, ist die Diskussion bisher steckengeblieben bei jenen zwar durchaus vertretbaren, aber eben nur kleinen Mitteln, die oben angemerkt wurden; bei sekundären Fragen. Die Kardinalfrage der Einkommensteuertechnik, direkte oder indirekte Methode, hat man meines Wissens noch niemals auch nur ernstlich gestellt, geschweige denn eingehend untersucht. Deshalb nicht, weil bei uns die Überlegenheit des Empfängerprinzips über das Quellenprinzip zum Glaubenssatz geworden. An die wenigen Ketzer (siehe unten) stört man sich nicht mehr, läßt sie reden, ohne sie der Widerlegung zu würdigen.

Einst war die Income tax — nachdem allerdings F. v. Raumer, ihr erster Kritiker, sie als ein „auf immer abschreckendes Beispiel" gebrandmarkt, und auch Kries, der in den Fünfzigern die Peelsteuer gründlich unter die Lupe nahm, sie als für unsere Verhältnisse keineswegs angebracht zensiert hatte [1] — „das auf dem Kontinent und nicht am wenigsten auch in der deutschen Theorie überschwenglich gelobte Ideal" (Ad. Wagner). Vor der Miquelschen Campagne — damals als das preußische Einkommensteuergesetz noch jedes „lästige Eindringen" verbot, während in England zwar die Bloßlegung des Totaleinkommens unterblieb, dafür aber die Teileinkommen (Bodenrente usw.) in recht inquisitorischer Weise ans Licht gezogen wurden — traf unser System wegen der geradezu kläglichen Unergiebigkeit und der geradezu schmählichen Ungerechtigkeit, die es zur Folge habe, herbster Tadel.

Nach Einführung des Deklarationszwangs schlug dann die Stimmung völlig um. Für eine Weile schien es, als ob wir es „so herrlich weit gebracht". Mit einem Ruck war ja das Steuererträgnis emporgeschnellt, stieg auch weiterhin ziemlich rasch. Jetzt erklang die frohe Botschaft, daß „wenigstens für die fassionspflichtigen Einkommen ausreichende Veranlagungsmittel" zu Gebote ständen; „immer befriedigender" würden die Angaben [2].

Doch bald wich dieser Optimismus; von verschiedensten Seiten kamen wieder Klagen über weitest verbreitete, arge Drückebergerei [3]. Aber mit Ausnahme eines allerdings wichtigen Fortschritts (Auskunftspflicht der Unternehmer für die Bezüge ihres Personals) blieb alles beim alten. Die

---

[1] F. v. Raumer, a. a. O., S. 210; Kries, a. a. O., S. 390.

[2] Gerlach, im HWB. der Staatswissenschaften, Bd. IV, S. 718. — Vocke, S. 351.

[3] Vgl. die Zitate aus H. Delbrück, Meisel, Rohde bei Bamberger, a. a. O., S. 32/34.

durch den Landtag geforderte, vom Regierungstische als unbedingt notwendig anerkannte „organische Neuordnung" zu bewirken durch Einführung der indirekten Methode, diese Möglichkeit auch nur in Betracht zu ziehen, kam keinem in den Sinn. Die Akten über die Sache Quellenprinzip contra Empfängerprinzip galten eben als geschlossen: res judicata!

In G. Cohn, dessen Lehrbuch unmittelbar vor Beginn der Miquelschen Campagne erschien, hatte das englische System für lange Zeit den letzten Anwalt gefunden[1]. Von L. v. Stein war es kurzerhand verworfen worden; dessen genialer Ungeduld lag die so verzwickte, kasuistische Income tax durchaus nicht: er gestand, erst durch einen Kollegen aufgeklärt zu sein: leider, wie seine sonderbar oberflächliche Kritik bekundet, keineswegs zureichend. Schäffle, sonst so gern bei Veranlagungsproblemen verweilend, nahm nur Akt von der jenseits des Kanals herrschenden „eigentümlichen" Methode, ohne sie mit der normalen zu konfrontieren. Seitens Ad. Wagners, der auf die Einsteuerung als den „schließlich praktisch wichtigsten, auch schwierigsten Punkt" hinzuweisen pflegte, wurde zwar jene Kardinalfrage der Steuertechnik eingehend, und unter heißem Bemühen, gerecht zu wägen, alles, was am Quellenprinzip Gutes sei, ins Licht zu rücken, untersucht; aber zugunsten des Empfängerprinzips entschieden.

Gegen dieses Votum haben nur ganz Wenige, und bisher nur mehr beiläufig, Widerspruch erhoben. Am frühesten wohl Lauterbach. Nachdem er bereits 1906, in seinem Buche „Staats= und Kommunalbesteuerung in Deutschland, England usw.", dem englischen System das Wort geredet, betonte er in seinem Aufsatze von 1913: schon allein die Tatsache, daß die Addisonsteuer ungefähr doppelt soviel geliefert habe wie die Pittsteuer[2], lasse es doch „als bedenklich erscheinen, daß die deutsche Wissenschaft das englische System verwirft"; seien ihm auch in der letzten, von H. Deite bearbeiteten Auflage des Werks des Altmeisters gewisse Zugeständnisse gemacht, so doch „noch lange nicht in genügendem Umfange"[3]. Neuerdings hat sich die Zahl derer, die von der herrschenden

---

[1] Er rühmt, daß sich das englische System bewährt habe, im Gegensatz zum preußisch=kontinentalen. Wenn er schreibt: man glaube in England mittels des Quellenprinzips „zuverlässiger zur Wahrheit zu gelangen", als, wie sonst üblich, durch Ausgehen vom Totaleinkommen, so teilt er offenbar diesen Glauben. Allerdings scheint auch ihn die Singularität (f. unten II) zu beirren: die Gewohnheit wirke drüben „für Beibehaltung dieser Einschätzungsweise, während wiederum in anderen Ländern sich wenig Neigung bekundet hat, diesem Vorbilde zu folgen" (S. 413).

[2] Siehe oben S. 9.

[3] Lauterbach, Zur Geschichte und Reform der direkten Steuern, in der „Deutschen Wirtschaftszeitung" 1913, S. 211.

I. Das englische System und seine Bewertung durch die deutsche Wissenschaft.

Meinung abweichen, gemehrt. In seinem vortrefflichen Lehrbuch der Finanzwissenschaft stellt W. Lotz die wesentlichen, für die indirekte Methode sprechenden Argumente klar und scharf heraus, unterläßt es aber leider, das wider sie beigebrachte Anklagematerial zu entkräften. Ferner ist mehrfach, allerdings immer nur im Vorübergehen, von Mitgliedern der Sozialdemokratie, zum Beispiel von Bernstein, das britische Muster gelobt worden. Und in dem bereits oben zitierten Vortrage Schiffers hieß es: aus „recht beachtenswerten Gründen" sei die englische Einkommenbesteuerung aufgebaut auf Erfassung der Einkommenquellen, während solche bei uns bloß hinsichtlich der Einkommen aus Grund= und Gebäudebesitz und aus Gewerbebetrieb obwalte, (durch die seit der Reform von 1893 den Kommunen überwiesenen Ertragssteuern); im Reichsschatzamt bestehe die Absicht, eine quellenmäßige Steuerveranlagung auf das Einkommen aus Kapitalvermögen jeder Art hinzuzufügen[1]. Derzeit liegt ein betreffender Gesetzentwurf vor[2].

Im folgenden soll gezeigt werden, daß dem englischen System wahrlich „recht beachtenswerte Gründe" zur Seite stehen. Wenn die deutsche Wissenschaft sich ablehnend verhält, so deshalb, weil sie ihm einerseits mit Vorurteilen entgegentritt, und andererseits gewisse Mängel, welche der indirekten Methode anhaften, überwertet, deren Vorzüge vor der direkten Methode unterwertet. —

---

[1] Für das Quellenprinzip ist, ohne sich dieses Ausdrucks zu bedienen, auch Bamberger eingetreten, indem er die „italienische Einrichtung" der ritenuta diretta und ritenuta dirivolva als „empfehlenswert, steuertechnisch recht zweckmäßig" bezeichnete (a. a. O., S. 34). Zu dieser Einrichtung hat aber ja das englische System, gemäß dem das Quellenprinzip nur folgerichtiger zur Durchführung gelangte, Gevatter gestanden!

[2] Diesen Gesetzentwurf habe ich in Nr. 263 der „Köln. Ztg." kritisiert; mit dem Ergebnis, daß solche quellenmäßige Kapitalrentensteuer als isolierte zu verwerfen sei, das Quellenprinzip vielmehr auf der ganzen Linie in Kraft gesetzt werden müsse.

Die Frage ist dann in der „Köln. Ztg." mehrfach berührt worden. Am Schluß eines Artikels (27. April) von Thieß über Ertrags= und Einkommensbesteuerung hieß es: die englische Steuertechnik könne, mit ihren „bewunderungswerten Erfolgen besonders im Kriege", einen Fingerzeig betreffs Reform unserer Besitzsteuern geben. Dagegen lehnte Porcher in seinem Aufsatz „Steuerfragen der Zukunft" (4. Mai) mein Plaidoyer für das Quellenprinzip ab: es habe zwar „viel Verführerisches", sei aber nicht durchführbar „ohne Verletzung des Grundsatzes der Besteuerung nach der Leistungsfähigkeit", und werde „vor allem die Progressivität der Einkommensteuer vollkommen illusorisch machen" — auch dieser Finanzpraktiker ignoriert, wie der Jurist Bamberger, daß das Quellenprinzip in England seit Jahrzehnten herrscht. Über die Einwände Porchers siehe unten III.

II. Vorurteile betreffs der Income tax.

Schon bei der Analyse der I.[1] werden Fehler begangen, die dann auf die Kritik abfärben.

1. Stets setzt die Analyse ein mit der Betonung, daß in der I. ein „besonderer, vom kontinentalen abweichender Typus" (Wagner), eine Steuerform „ausgeprägter Eigenart" (Harzendorf) vorliege. Allerdings ist das Quellenprinzip, ihr artbildendes Merkmal, bisher nur in England konsequent durchgeführt, in Italien, Spanien, Österreich, Belgien nur bezüglich dieses oder jenes Einkommenszweiges; allerdings stellt dieses Prinzip bisher eine Ausnahme dar. Aber hat nicht, bis zu den Siebzigern, die Einkommensteuer selbst nur hie und da bestanden, um später nahezu überall Wurzel zu schlagen?

Auf den ersten Blick wird jedem das Empfängerprinzip als das natürliche erscheinen. Fragt man einen Laien, wie er sich die Methode der Einkommensbesteuerung vorstelle, so antwortet er unfehlbar: der Fiskus ermittelt, wieviel Einkommen das Steuersubjekt bezieht und belastet es demgemäß. Vauban und Boisguilbert — die kühnen Pioniere der Idee einer allgemeinen Besitzabgabe — haben, offenbar ohne alle Skrupel und Zweifel, für ihre dîme royale diese direkte Methode gewählt. Wer aber, eingedenk der „menschlichen Unvollkommenheiten", sich sagt, daß wahrheitsgetreue Deklaration nur erhofft werden dürfe von einer Minderheit, deren Steuermoral über dem Durchschnitt steht; und daß die staatlichen Organe, denen die Beprüfung der Selbstangaben der Zensiten, bezüglich die Einschätzung des Totaleinkommens dieser obliegt, solche dornenvolle Aufgabe nur höchst unvollkommen zu lösen vermögen — dem wird das Empfängerprinzip problematisch werden. Mich dünkt, daß bei „realistischer Auffassung"[2] — einer solchen, welche mit Menschen rechnet, wie sie sind, nicht wie sie sein sollten oder sein könnten — als das natürliche das Quellenprinzip erscheine: gemäß dem, soweit es angeht, der Fiskus nicht den belastet, welcher Einkommen bezieht und daher den „Racker Staat" zu beknappen strebt, sondern den, von welchem er Einkommen bezieht; einen Dritten, der die Steuer auslegt, sie

---

[1] Von hier ab ist Income tax mit I. abgekürzt.
[2] Vgl. oben S. 4 das Zitat aus Wagner.

dem Empfänger des Einkommens in Rechnung zu stellen befugt ist, und daher keinen Grund hat wider den Stachel zu löcken.

Das Quellenprinzip mag den oder jenen Haken haben; daraus mag sich seine bisher nur geringe Verbreitung erklären. Aber die Frage, direkte oder indirekte Methode — gerader Weg: Einsteuerung des Totaleinkommens beim Empfänger; oder Umweg: Einsteuerung des Totaleinkommens durch Belastung derer, welche dem Steuerzahler die Teileinkommen zuführen, aus denen jenes sich summiert — muß als eine völlig offene behandelt werden. Unterstreicht man von vornherein das Quellenprinzip als eine **Besonderheit Englands**, so wird dadurch das Urteil zugunsten des Empfängerprinzips kaptiviert; eine Ausnahme hat immer die Vermutung gegen sich.

Im Bereich der Verbrauchsbesteuerung steht bisweilen die direkte, ganz überwiegend aber die indirekte Methode in Kraft. Der Fiskus ermittelt nicht den Totalverbrauch des Trinkers, des Rauchers. Er belastet vielmehr den Produzenten von Branntwein, von Tabak; bezüglich den Händler — also einen Dritten, der die Steuer auslegt, sie dem Konsumenten, durch entsprechende Erhöhung des Preises des steuerpflichtigen Objektes, in Rechnung zu stellen befugt ist, und dem daher (wenigstens sofern er der Überwälzung sicher zu sein glaubt) das Motiv zur Defraude fehlt.

Jedesmal, wenn eine neue Verbrauchsabgabe aufs Tapet kommt, so jüngst zum Beispiel die Weinsteuer, wird die Alternative, Umweg oder gerader Weg, sorgsam erwogen. Das heißt: im Bereich der Verbrauchsbesteuerung gilt die Frage als eine offene; während sie, was die Einkommensteuer anlangt, bei uns, wie oben bereits angemerkt, im Sinne des Empfängerprinzips entschieden gilt, die Konkurrenz des Quellenprinzips keine Beachtung mehr findet.

2. Überaus häufig wird die I. charakterisiert als ein „**Komplex von Ertragssteuern**"; mit dem, „was bei uns Einkommensteuer heißt", sei sie „nur beschränkt vergleichbar"[1]. Da nun die Ertragssteuern nahezu überall entweder beseitigt oder zu durchaus untergeordneten Gliedern des Deckungsorganismus geworden sind, drückt man der I. mit solcher Abstempelung das Stigma der Rückständigkeit auf; wozu noch bei dieser Spezies verweilen, deren Fortvegetieren jenseits des Kanals sich wohl nur aus dem bekanntlich so „konservativem Sinne" der Briten begreift!

In Wahrheit hat England, indem es die I. von 1803 schuf, gerade seine Absage an die Ertragsbesteuerung vollzogen. Der Ruhm der britischen Finanzpolitik ist gerade, sich die Mühe zuerst des Aufbaues der „quatre

---

[1] Roscher, Finanzwissenschaft, § 73.

vieilles" (so pflegen in Frankreich Grund-, Gebäude-, Gewerbe-, Personal- und Mobiliarsteuer bezeichnet zu werden) und dann der Demontierung dieses Komplexes, in dem das Unzulängliche Ereignis geworden, erspart; den großen Aufwand, welchen dies Hin und Her den Völkern des Kontinents, zum Beispiel Preußen, kostete, nicht nutzlos vertan, sondern sofort die Einkommenbesteuerung bei sich eingepflanzt zu haben[1].

Den Ertragssteuern sei gemeinsam, erklärt Roscher, durchaus zutreffend, daß a) sie statt nach dem „tatsächlichen Ertrage", den das Grundstück usw. „etwa im letzten Jahre gebracht hat", bemessen werden „nach dem mittleren Ertrage, wie der Staat ihn voraussetzt"; b) daß bei Festsetzung des Steuersolls die Schulden, die auf dem Grundstück usw. liegen, „nicht berücksichtigt werden"; c) daß sie, wenn „lange Zeit in unveränderter Höhe fortbestanden", für den späteren Pflichtigen — der bei Erbübernahme oder Kauf zum Beispiel eines Grundstücks das Grundsteuersoll einkalfuliert, einen um dessen kapitalisierten Betrag niedrigeren Preis gezahlt hat — „größtenteils unfühlbar werden".

Keinen dieser Züge weist die I. auf; in ihr verbindet sich nicht, wie ein wohlwollender Beurteiler hervorhebt, „der Gedanke der Ertragssteuer mit dem der Einkommensteuer"[2]; sie wird vielmehr durchaus von letzterem beherrscht. Seit Beginn bezielt sie — das ist das Neue an ihr; dadurch macht sie Epoche — Bebürdung der besitzenden Klasse, der sie fast ausschließlich obliegt, gemäß ihren wirklichen, wechselnden Einkommen. Sie wird nicht bemessen nach einem, mittelst Abstraktion an der Hand gewisser „äußerer Merkmale" herausgeklügelten, mittleren Ertrag, den ein Durchschnittswirt bei „gemeinüblicher Wirtschaftsweise" herausholen könnte, sondern nach dem konkreten, tatsächlichen, durch Deklaration des Pflichtigen[3]

---

[1] Charakteristisch für die englische Besitzbesteuerung ist, daß sie „die Ausbildung direkter Ertragssteuern fast ganz unterlassen hat" (Wagner-Deite, Teil III 1, S. 421).

[2] Bocke, a. a. O., S. 157. — Er nennt sie „ein Ertragssteuersystem mit einkommensteuerartigen Momenten"; sie ist vielmehr ein Einkommensteuersystem mit einigen wenigen ertragssteuerartigen Momenten.

[3] In unserer Finanzliteratur wird vielfach betont, daß nur für die in der Abt. D (Unternehmergewinn usw.) steuernden Einkommen Deklarationspflicht bestehe, für das Gros der Einkommen nicht. „Deklaration wird in weitem Maßstab vermieden" — sagte z. B. in seinem oben mehrfach zitierten Vortrage der Staatssekretär zur Empfehlung des englischen Systems.

Wäre dem so, dann bestünde allerdings eine Familienähnlichkeit zwischen der I. und der Ertragsbesteuerung, die ja dadurch, daß sie sich an gewisse „äußere Merkmale" hält, mit gewissen Fiktionen arbeitet, um die Verhängung der Deklarations-

II. Vorurteile betreffs der Income tax.

— des jeweiligen Pächters des Grundstücks, Mieters des Hauses, Schuldners der Kapitalrente, Arbeitgebers — festzustellenden Ertrage. Bloß bei Veranlagung des Einkommens der Pächter „setzt der Staat voraus", daß es 1/2 bezüglich 1/3 der dem Eigentümer zu entrichtenden Bodenrente ausmache — ein Zugeständnis an die Farmer[1], aber nicht an die Ertragsbesteuerung! Hypothekarische und sonstige Verschuldung findet Berücksichtigung; nur, zu folge des Quellenprinzips, in anderer Weise als beim Empfängerprinzip. Schließlich: die I. bleibt stets fühlbar, kann nicht zur Reallast werden wie vor allem die Grundertragssteuer. Sie schmiegt sich ja, wie oben schon betont, dem Einkommenwechsel an. Und dazu tritt ja noch der Umstand, daß ihr Steuerfuß wechselt mit dem Finanzbedarf — schon diese Beweglichkeit der I. hätte sie davor bewahren sollen als „Komplex von Ertragssteuern" hingestellt zu werden; denn ein Wesenszug und ein Hauptschaden der Ertragssteuern ist doch, daß sie sich gegen Variieren des Steuerfußes sträuben.

Nur insofern, als die I. zerfällt in eine Reihe von Spezialsteuern, deren Schema sich ungefähr deckt mit dem Ertragssteuerschema, erweckt sie auf den ersten Blick den Anschein einer Ertragsbesteuerung. Aber auch mancher deutsche Staat hat seine Einkommenbesteuerung gesondert nach den Einkommenszweigen; hat für das Einkommen aus Bodeneigentum andere Vorschriften getroffen als für das aus Gewerbebetrieb usw., zum Beispiel der sächsische[2].

3. Mit dem soeben richtig gestellten Irrtum betreffs des Wesens der I. hängt ein gleichfalls weit verbreitetes Mißverständnis des Hauptmotivs für Einführung des Quellenprinzips zusammen.

Die Ertragsbesteuerung dankte ihren Triumphzug fast durch die ganze Kulturwelt zum guten Teile der Tatsache, daß, wo sie waltet, die Fülle des Mammons der Wenigen dem Auge der Vielen sich verbirgt. Anbetracht

---

pflicht herumkommt. Aber es handelt sich um einen, seit Alters immer wieder nachgesprochenen Irrtum. Mit Ausnahme der landwirtschaftlichen Pächter, deren Einkommen zu 1/2 bzw. 1/3 des von ihnen entrichteten Pachtzinses angenommen wird, haben alle Zensiten zu deklarieren — nur nicht die endgültigen Einkommensempfänger wie bei uns, sondern die „distributors of income". Die I. ist „inquisitorial" wie unsere Einkommensteuer, nur gegenüber anderen Pflichtigen. Vgl. Harzendorf, a. a. O., S. 140, 142, 146, 160, 174, 187.

[1] Wenn der Pächter weniger Einkommen bezieht, so steht ihm das Recht, dies nachzuweisen und demgemäß entlastet zu werden, zu. Vgl. Cohn, a. a. O., S. 413.

[2] Roscher, Finanzwissenschaft, § 73, Anm. 14. Schon Lauterbach und Lotz haben die „seit Vocke oft wiederholte Wendung", daß die I. einen ertragssteuerartigen Charakter habe, als irreführend bekämpft; sie protestieren nur nicht nachdrücklich genug.

II. Vorurteile betreffs der Income tax.

dieser Folge war sie der Oberschicht weit genehmer als die indiskrete Einkommenbesteuerung. Da nun bei uns die I. als „Komplex von Ertragssteuern" ging, lag es nahe, ihren „Grundcharakter" zu erblicken „in der Tendenz, die Offenlegung der Besitzverhältnisse, welche den unpopulärsten Punkt der Steuer von 1797 gebildet hatte, in geringerem Maße erforderlich zu machen"[1]. Ein Fehler zog den anderen nach sich.

Empfahl sich das Quellenprinzip fraglos auch deshalb, weil zu Anfang des 19. Jahrhunderts, wo es zuerst in Kraft gesetzt wurde, wie in den „hungrigen Vierzigern", wo es seine Auferstehung feierte, heftigster sozialer Hader tobte; mußte damals Offenlegung der Besitzverhältnisse bei den Reichen und Wohlhabenden, die im britischen Parlament den Ausschlag gaben, besonders „unpopulär" sein — das Hauptmotiv für Einführung des Quellenprinzips war keineswegs die Furcht, anderenfalls (bei Adoption des Empfängerprinzips) den Neid der Masse wider die Minderheit zu entflammen; sondern die Hoffnung, mittelst des Tricks des „Abfangens an der Quelle" die besitzende Klasse, welche den Versuch von 1799 durch „shameful evasions or rather scandalous frauds" vereitelt hatte, geziemend zur Ader zu lassen[2]. Das Interesse der Gesamtheit an höchster Ergiebigkeit und Gerechtigkeit der Einkommensbesteuerung hat der indirekten Methode zum Siege verholfen; nicht das Interesse des Kapitals an Verschleierung seiner Schätze[3]. Das eng-

---

[1] Wagner-Deite, Teil III 1, S. 221. — Nur dies Moment wird hier unterstrichen. Die Hauptdifferenz zwischen der Pittsteuer von 1797 und der Addisonsteuer von 1803 liegt aber darin, daß die letztere auf das Quellenprinzip gestellt ist.

[2] Vgl. das Zitat aus einer englischen Regierungsschrift bei Hertz (a. a. O., S. 9): „Defrauden sind so schwerer möglich, die Finanzen wirkungsvoller geschützt." Die Einführung des Quellenprinzips, betont Hertz, „hat nur dem einen Zweck gedient, die technische Vollkommenheit der Steuer zu sichern, ohne ein Eindringen in die Privatverhältnisse zu gestatten" (S. 8).

[3] Auch Bocke (a. a. O., S. 157) begeht den Fehler, die „selbstsüchtige Scheu" vor Bloßlegung als den eigentlichen Grund für Wahl des Quellenprinzips hinzustellen. Tatsächlich war das Motiv der Pittsteuer vor der Addisonsteuer anti-kapitalistisch.

Wie die Dinge lagen, erhellt aus folgenden Ausführungen Harzendorfs, der zwar das Vorurteil, als ob sich die I. als eine „besondere Art der Ertragsbesteuerung" darstelle, teilt (vgl. z. B. S. 143), aber ihr Motiv richtig beurteilt: „Wenn man (Ende des 18. Jahrhunderts) auch mit den Stempelsteuern Vermögensteile traf, soweit sie dem Verkehr unterlagen, und mit den assessed taxes solche, die ihre Besteuerungsfähigkeit durch den mit ihnen gemachten Aufwand erwiesen, so gab es doch ... Vermögensteile genug, die von diesen Steuern nicht erreicht wurden, und deren Belastung durch die allgemeinen, indirekten Verbrauchssteuern in keinem Verhältnis zu ihrer Leistungsfähigkeit stand. Und da gerade in England der Grundsatz der Gleichheit und Gerechtigkeit sowohl in der Theorie als auch längst schon in der Praxis unbezweifeltes Geltungsrecht erlangt hatte, ... mußten,

lische System wirkt — darüber unten — recht antikapitalistisch; das preußische System, trotz der Offenlegung der Besitzverhältnisse, welche das Empfängerprinzip mit sich bringt, wirkt umgekehrt.

Hätte man sich nicht beirren lassen durch die Ausnahmestellung, welche die I. ja bis heute einnimmt; sich nicht verrannt in die Auffassung der I. als eines ertragssteuermäßigen, vom bösen Geiste des Bourgeoiseigennutzes empfangenen Steuertypus, dann würde wohl, sobald das Veranlagungsproblem bei uns akut wurde (was es eigentlich schon seit Beginn der Zuschläge zur preußischen Einkommensteuer geworden war), die direkte Methode zur Diskussion gestellt, mit der direkten sorgsam gewogen worden sein. Allerdings — wenngleich das preußische System nach der übereinstimmenden Meinung aller Kenner der Verhältnisse keineswegs befriedigte, laut dem Urteil schärferer Zensoren sogar „völlig versagte"[1] — doch vielleicht zu leicht befunden.

Denn, wären auch jene baren Vorurteile nicht im Wege gewesen, die so viel beigetragen hatten zur Diskreditierung des englischen Systems, so stand diesem noch eine Reihe von Einwänden entgegen, die als durchschlagend galten.

bei der schweren Belastung der Masse durch die indirekten Steuern, die **reichen und reichsten Kreise** über diese Besteuerung hinaus herangezogen werden" (S. 14). Daher erfolgte die Einpflanzung einer Einkommensteuer modernen Stils — die man der besitzenden Klasse zwar hinsichtlich der „collection" möglichst bequem machte, aber in einer Form auferlegte, welche höchstes Erträgnis bei gleichmäßiger Belastung sicherte; welche sie äußerst kräftig beschwerte! — Von der Wiedereinführung der I. im Jahre 1842 sagt Cohn (a. a. O., S. 411) richtig, daß sie ein Zugeständnis der besitzenden Klasse an die niedere Schicht bedeutet habe.

[1] Vgl. oben S. 4.

III. Einwände wider das Quellenprinzip.

Einiges Gute billigt die deutsche Wissenschaft dem „besonderen Typus" zu: Geringfügigkeit der Erhebungskosten, Fürsichstehen der staatlichen Abgabe, Beweglichkeit des Steuerfußes. Aber — „in der Technik steht England zurück!" Anbetracht „wesentlicher Mängel der Veranlagung", die das Quellenprinzip nach sich zieht, genügt bis heute, trotz der wichtigen Korrekturen von 1907/1910, die I. nur „mäßigen Ansprüchen der Gerechtigkeit". Gewisse der „im Zeitalter der Sozialpolitik" zu stellenden Forderungen seien zwar erfüllt, doch um den Preis von „Weitläufigkeiten", welche bei uns dank dem Empfängerprinzip entfallen[1]; gewisse andere, gleichfalls allgemein anerkannte nur bruchstückweise: „im britischen Reiche geht die Anpassung an die richtigen Prinzipien nur langsam vor sich"[2].

Sehen wir zu, ob und inwieweit diese Kritik zutrifft?

1. Die „Weitläufigkeiten".

Seit 1803 besteht Steuerbefreiung für die Einkommen unterster Ordnung; seit 1863 Ermäßigung des Steuersatzes für steuerpflichtige Einkommen niedrigen Betrages; seit 1910 hat auch das Kinderprivileg in die I. Eingang gefunden.

Steuerbefreiung usw. kann jedoch nur erfolgen nach Feststellung des Totaleinkommens des Pflichtigen. In England wo die Steuerbehörde in Konsequenz des Quellenprinzips nur Teileinkommen (Bodenrente usw.) gewahrt, benötigt sich daher behufs Verwirklichung dieser sozialpolitischen Postulate in zahllosen Fällen ein „sehr umständliches, lästiges Verfahren"[3]. „Tausende von Bänden — das wurde schon 1855 als schwerer Mißstand der britischen Technik bei uns gerügt — sind mit Verhandlungen darüber angefüllt, und jährlich kommen noch einige Hunderte hinzu"[4].

---

[1] Wagner-Deite, Teil III 1, S. 420; Teil III 2, S. 5, 8, 27, 41.
[2] Conrad, im HWB. der Staatswissenschaften, Art. „Einkommensteuer", S. 454.
[3] Wagner-Deite, Teil III 2, S. 19.
[4] Kries, a. a. O., S. 391. — Die von ihm an der I. geübte Kritik ist, vielfach wörtlich, in die Lehrbücher der Folgezeit übergegangen.

III. Einwände wider das Quellenprinzip. 21

Wenn zum Beispiel der Zensit A. über eine Pachtrente von nur 100 £ verfügt, so darf er, wenn auch die I. erst bei 160 £ (vor dem Krieg) einsetzt, nicht ohne weiteres verschont werden; ihm mag ja noch Einkommen aus sonstigen Quellen zufließen; daher muß A. nachweisen, daß er insgesamt nicht mehr als 160 £ beziehe. Oder wenn B. über eine Hausrente von nur 400 £ verfügt, so darf ihm, wenn auch Einkommen zwischen 160 und 700 £ (vor dem Kriege) einem geringeren Satze als dem Normalsatze unterliegen, Ermäßigung nicht ohne Weiteres zugestanden werden: zuvor hat B. nachzuweisen, daß er insgesamt nicht mehr als x £ beziehe. Ebenso ist das Kinderprivileg, das ja nur denen zusteht, deren Totaleinkommen einen gewissen Betrag unterschreitet, erst nach solcher Demonstration zu erlangen. Und „besondere Weitläufigkeiten ergeben sich aus den Steuerrestitutionen wegen kleinen steuerfreien oder steuerermäßigten Einkommen, für das der volle Satz (an der Quelle) abgezogen war"[1]: wenn C. nur über eine Konsolsrente von 600 £ verfügt, also gleich dem B. einen niedrigeren als den Normalsatz beanspruchen darf, so muß er — da die Bank von England ihm die Zinsen gekürzt um den Normalsatz zahlte — behufs Wiedererstattung des Unterschiedes zwischen diesem und dem niedrigeren Satz nachweisen, daß er insgesamt nicht mehr als x £ beziehe.

Bei uns, wo das Empfängerprinzip herrscht, bleibt dagegen der Zensit, dessen Totaleinkommen die Behörde für geringer als 900 Mk. erachtet, gänzlich ungeschoren; wird jeder Zensit sofort mit dem Satze, der dem Betrage seines eingeschätzten oder deklarierten Totaleinkommens entspricht, bedacht; tritt jeder Zensit, dessen Totaleinkommen als unter x Mark liegend festgestellt wird, sofort in den Genuß des Kinderprivilegs. —

Allerdings, durch Schuld des Quellenprinzips erwachsen den Pflichtigen „Unzahl von Schreibereien und Kontrollen" (Vocke), und der Finanzverwaltung beträchtliche Spesen. Weil seine Durchführung „zu viel Mühe machte", hat man in England das bereits 1803 gewährte Kinderprivileg bald darauf wieder zurückgenommen, es erst vor kurzem wieder gestattet[2]. Aber nur dieses; um andere „subjektive Momente" hat sich die Behörde in England bis heute meines Wissens nicht zu kümmern, während ihr bei uns ja auch die Berücksichtigung sonstiger, „die Leistungsfähigkeit wesentlich beeinträchtigender Verhältnisse" erlaubt ist. Fragt sich nur, ob deshalb das preußische System den Vorzug verdiene? Was verschlagen denn die „Weit-

---

[1] Wagner-Deite, Teil III 2, S. 24.
[2] Betont bei Wagner-Deite, Teil III 2, S. 222.

läufigkeiten", wenn um diesen Preis der Gerechtigkeits= und der Ergiebig= keitszweck vollkommener erreicht wird?

Nun weiß aber doch Jedermann (wird Gericht gehalten über das Quellenprinzip, so scheint man's leider zu vergessen), daß in Preußen Viele, deren Einkommen mehr als 900 Mk. beträgt, von denen aber die Behörde das Gegenteil annimmt, zu Unrecht Steuerbefreiung erlangen; daß die Be= hörde Viele, die den Stufen zwischen 900 und 3000 Mk. angehören, zu niedrig einschätzt; daß Viele, die den hohen Stufen angehören, absichtlich oder fahrlässig falsch deklarieren, demgemäß weniger zahlen, als sie sollten. Und daß demzufolge die Einkommensteuer — ich komme alsbald darauf zurück — längst nicht das Ergebnis liefert, das sie erbringen würde, ginge alles mit rechten Dingen zu. Auch in England werden Pflichtige, denen es gelingt, bei den Reklamationen, bezüglich Restitutionsklagen dem Fiskus Sand in die Augen zu streuen, zu Unrecht exhimiert, mit zu niedrigen Sätzen be= gnadet. Auch dort bleibt das Erträgnis der I. hinter dem Seinsollenden zurück; aber längst nicht so weit, wie in Preußen.

Es führt völlig irre, wenn die Gegner des englischen Systems bei Unterstreichen der Weitläufigkeiten betonen, dabei werde „vielfachen Unter= schleifen und Betrügereien Tür und Tor geöffnet"[1]. Denn **in England liegt den an der Quelle Belasteten, welche Steuerbefreiung usw. heischen, die Beweislast auf**; dort haben die Zensiten sozusagen die Offensive zu ergreifen, befindet sich demgemäß die Behörde in weit günstigerer finanzstrategischer Position als in Preußen, wo sie den Zensiten zu Leibe gehen muß[2]. Lohnen sich aber für den Fiskus die Kosten — allein diese Folge des „sehr lästigen, umständlichen Verfahrens" kommt doch in Betracht! — dient, woran kein Zweifel sein kann, das Quellenprinzip, wenngleich es Weitläufigkeiten heraufbeschwört, dem Gerechtigkeits= und Ergiebigkeitszweck ungleich besser als das Empfängerprinzip, so steht **England in der Technik nicht zurück, sondern voran**[3].

---

[1] Kries, a. a. O., S. 391. Ihm folgen Bocke u. Wagner=Deite, S. 19.

[2] Den bei uns herrschenden Zustand schildert Meisel (a. a. O., S. 319): „Der Steuerträger läßt die Steuer an sich herankommen, und wenn sie mehr ver= langt, fordert er Beweise über Dinge, die nur er kennt. Bei der ersten Gelegenheit ergibt sich die Tatsache von dem geringen Wissen und der geringen Stärke der Finanz= verwaltung: das verstärkt wieder die Stellung und die Zuversicht im Kampf." — Liegt die Beweislast dem Zensiten auf — heißt es bei Wagner=Deite (S. 25, 27) — dann kann die Verwaltung „genauere Belege fordern".

[3] Für die Pflichtigen sind ja die Reklamationen bzw. Restitutionsklagen fatal; ihnen geht ja die Bloßlegung des Totaleinkommens, zu der sie sich behufs Steuer= befreiung und Steuerermäßigung verstehen müssen, wider den Strich. Aber nicht

III. Einwände wider das Quellenprinzip. 23

Bei uns entfallen zwar die „Weitläufigkeiten", die im Quellenprinzip wurzeln. Wenn aber unsere Steuerorgane die Pflichtigen so scharf packten, wie sie eigentlich müßten: wenn sie das Interesse des Fiskus, mit andern Worten: der Gesamtheit, möglichst viel unter möglichster Wahrung des suum cuique hereinzubekommen, so ernst nähmen, wie die britischen Zensiten ihr, auf Herausbekommen gehendes Privatinteresse; wenn sie der Gefahr des zu Wenig so energisch und so allgemein zu wehren suchten, wie die britischen Zensiten der Gefahr des zu Viel — das heißt: wenn unsere Steuerorgane, um sicher zu gehen, stets grundsätzlich zu hoch einschätzten, bezüglich beanstandeten bei auch nur leisestem Verdacht, dann würde auch bei uns, trotz Empfängerprinzip, ein „sehr lästiges, umständliches Verfahren" nicht weniger oft wie drüben sich benötigen.

Nur insofern bestünde ein Unterschied zugunsten unseres Systems, als Klagen betreffs Steuerwiedererstattung (siehe oben Beispiel C.), wie sie in England so massenhaft statthaben, bei uns nicht vorkämen. Doch daraus ließe sich ein Einwand wider das englische System keineswegs herleiten. Denn, daß die Kosten sich lohnen für den Fiskus, darf hinsichtlich der Restitutionsklagen mit noch stärkerem Nachdruck behauptet werden als für die Reklamationen (Beispiele A. und B.): ohne „Abfangen an der Quelle", seitens der Banken usw., entschlüpft eine große Quote der Kapitalrente [1] — zu Schaden der Gesamtheit, zu Schaden der ehrlichen Zensiten. Die beim englischen System auflaufenden Weitläufigkeiten sind ein billiger Preis für das durch sie erkaufte große Plus an Ergiebigkeit und Gerechtigkeit!

2. Schwierigkeiten der Durchführung des Postulates der Differentiation und der Graduation.

Besteht Steuerbefreiung in England seit jeher, Steuermäßigung wenigstens seit 1863, so hat dagegen die Befriedigung zweier anderer sozialpolitischer Begehren ziemlich lange auf sich warten lassen: Staffelung des Satzes nach der Art, wie — folgerichtig durchgeführte — Staffelung nach der Höhe des Einkommens.

1. Bei uns rang sich das Postulat der **Differentiation** [2] bereits

---

allzu sehr: wie einmal ein britischer Schatzkanzler sagte, „deklarieren die Pflichtigen, wenn sie dabei vom Staate etwas herausbekommen, viel williger, als wenn sie, wie in Preußen, es zu dem Zwecke tun, an den Staat zu zahlen" (zitiert nach Lauterbach, a. a. O., S. 211).

[1] Siehe unten VI.
[2] Ich verwende im Folgenden die in der englischen Finanzliteratur eingebürgerten, ihrer Kürze halber auch für die unsere zu empfehlenden Ausdrücke „Differentiation"

1894 durch, indem zwecks Zuschlagbelastung des Besitzeinkommens die „Ergänzungssteuer" der Einkommensteuer zugesellt wurde. In England erst 1907; und in anderer Weise, nämlich derart, daß innerhalb der Einkommensteuer Entlastung des Arbeitseinkommens erfolgte.

Zweifellos wird kraft Kombination einer Vermögensteuer mit der Einkommensteuer den „Ansprüchen steuerlicher Gerechtigkeit" in höherem Grade genügt, als kraft Spaltung des Satzes der Einkommensteuer[1]. Aber — jenseits des Kanals findet ja Differentiation nicht nur innerhalb der Einkommensteuer statt; es gibt dort ja auch eine Erbschaftssteuer. Diese intermittierende Vermögensteuer bedeutet, gleich unserer laufenden, alljährlich zugreifenden, ein Steuerplus für das Besitzeinkommen[2]. Das heißt: drüben erfährt dieses eine zwiefache Zuschlagsbelastung, ist die „sozialpolitische Auffassung", daß das Arbeitseinkommen tunlichst zu schonen sei, zu schärferem Ausdruck gelangt als hüben, wo allein die prinzipiell tabellose, praktisch jedoch viel zu schwächliche Vermögensteuer funktioniert. Selbst wenn in England innerhalb der Einkommensteuer keine Differentiation statt hätte, wäre das „earned income" ungleich mehr begünstigt als in Preußen.

Bemerkt sei noch: das Quellenprinzip stünde einer Kombination der Einkommensteuer mit einer laufenden Vermögensteuer, wie bei uns, keineswegs entgegen. Kümmert sich gleich der Fiskus bei der Einkommensteuer nur um Teileinkommen, so kann doch neben solche Einkommensteuer ohne weiteres eine das Totalvermögen zum Objekt nehmende Steuer treten.

— Staffelung des Einkommensteuersatzes nach der Art — und „Graduation" — Staffelung des Satzes nach der Höhe des Einkommens.

[1] Dabei zu verweilen, erübrigt sich. Bemerkt sei nur: wird der Satz der Einkommensteuer gespalten — d. h. Besitzeinkommen mit höchstem, Arbeitseinkommen mit niedrigstem, „gemischtes" (Unternehmereinkommen) mit mittlerem Satze belegt —, so bedeutet das eine recht unvollkommene Lösung des Problems der „Differentiation". Denn das so überaus verbreitete Unternehmereinkommen rührt ja bald mehr aus Besitz, bald mehr aus Arbeit her; das Einkommen eines Zwergpächters z. B. mag fast ganz „unfundiert", das eines Großpächters stark „fundiert" sein. Alles Unternehmereinkommen, als „gemischtes", mit mittlerem Satze zu belegen, über einen Kamm zu scheren, ist schwere Unbill.

[2] Wagner-Deite, Teil III 1, S. 420: Ergänzung der Einkommensteuer, in welcher die Art des Einkommens bis 1907 nicht unterschieden war, erfolgte in England „durch die ausgedehnte und verhältnismäßig hohe Erbschaftsbesteuerung, welche einigermaßen wie eine Vermögensteuer wirkte". Die Erbschaftsbesteuerung wirkte aber damit, wie unsere Besteuerung des Vermögens seit 1893, auch als Zuschlagsbelastung des Besitzeinkommens. — Besonders klar tritt diese Wirkung der Erbschaftsteuer dann hervor, wenn, wie in England üblich, durch Eingehen einer Lebensversicherung für das beim Todesfall zu erwartende Erbschaftssteuersoll vorgesorgt wird.

III. Einwände wider das Quellenprinzip.

Das Quellenprinzig trug auch keineswegs Schuld daran, daß England hinsichtlich Differentiation **innerhalb** der Einkommensteuer so stark nachhinkte. Wie in der Schweiz usw. wäre es in England möglich gewesen, reines Besitzeinkommen — das teils in Abteilung A. steuert (Bodenrente, Hypothekenzins), teils in C. (Kapitalrente aus öffentlichen Werten), teils in D. (Dividende usw.) — mit höchstem Satze, reines Arbeitseinkommen, das in Abteilung E. steuert, mit niedrigstem, gemischtes Einkommen, das in Abteilung D. steuert, mit mittleren Satze zu treffen. Die besondere Behandlung der Einkommenszweige — so sollte man stets sagen; nicht wie bei uns üblich, aber irreführend, der Ertragsquellen[1] — erleichtert die Lösung des Problems der Differentiation, statt sie zu erschweren. Daß drüben bis 1907 mit Entlastung des Arbeitseinkommens **innerhalb** der Einkommensteuer gezögert wurde, erklärt sich einfach daraus, daß eben schon die Erbschaftssteuer (just damals verschärft, als hüben die Ergänzungssteuer eingeführt wurde) die Zuschlagsbelastung des Besitzeinkommens wahrlich zureichend besorgte.

Darüber, ob Staffelung des Satzes nach Art des Einkommens rationeller geschehe durch die laufende oder durch die intermittierende Vermögenssteuer, läßt sich streiten. Hier braucht nur festgestellt zu werden, daß es in England mit Differentiation schon seit lange, seit der Erbschaftssteuerreform von 1894, **wesentlich besser** bestellt ist als in Preußen. Und daß, stünde es dort schlechter, die Ursache nicht zu suchen wäre in der Technik der I.: Entlastung des Arbeits-, Zuschlagsbelastung des Besitzeinkommens, Erfüllung dieses Punktes des sozialpolitischen Finanzprogramms, geht bei Quellenprinzip genau so an wie bei Empfängerprinzip[2].

Wenn bei uns hervorgehoben wird, daß gewisse „allgemein anerkannte" Forderungen jenseits des Kanals bisher nur bruchstückweise erfüllt seien, so denkt man auch weniger an Staffelung des Satzes nach der Art, als an Staffelung nach der Höhe des Einkommens.

2. Bis vor kurzem war das Postulat der Graduation innerhalb der I. nur höchst inkonsequent zur Geltung gelangt. Und da lag die Ursache

---

[1] Vgl. oben II.
[2] Harzendorf erklärt an einer Stelle (S. 162), daß die Differentiation „an der bestehenden Organisation der I. scheiterte". Später (S. 163, 180/181) wird von ihm zugegeben, daß „weniger die Schwierigkeit, sie dem bestehenden System anzugliedern", den Grund der Verzögerung der Reform gebildet habe, als die Schwierigkeit der Unterscheidung zwischen Kapitaleinkommen und Arbeitseinkommen. Tatsächlich lag **nur** letztere Schwierigkeit vor.

allerdings in der Technik der I. Eine grundsätzlich auf Ermittelung der Teileinkommen sich beschränkende Steuer „kann den Gedanken der Progressivität unmöglich so wirksam ausgestalten"[1], wie eine dem Empfängerprinzip huldigende, Bloßlegung des Totaleinkommens auswirkende. Vor allem als Stein im Wege zum Ziel kräftiger Zuschlagsbelastung der Oberschicht ist das Quellenprinzip bei der deutschen Wissenschaft in Verruf gekommen.

Steuerermäßigung für Einkommen niedrigen Betrages steht, wie oben bemerkt, in England von jeher. Ohne Degressivität wäre selbst eine Einkommensteuer, welche wie die I. erst beim Mittelstand einsetzt, unerträglich gewesen. Sollte der soziale Frieden gewahrt bleiben, so mußten die aus dem sogenannten „abatement" (Veranlagung der Einkommen niedrigen Betrages nur mit einer Quote; je niedriger, mit desto kleinerer Quote) entstehenden „Weitläufigkeiten" — wer die Ermäßigung beansprucht, hat ja nachzuweisen, daß er insgesamt nicht mehr als x £ beziehe — in den Kauf genommen werden. Viel machten sie nicht aus. Denn betreffs des Gros der Ermäßigungsberechtigten, das sich zusammensetzt aus Pächtern, Handwerkern, Krämern, Fabrikanten unterer Staffel, Subalternbeamten, verfügt die Behörde „über genug Hilfsmittel, kann sich nach der Lebenshaltung und Wohnung eine ziemlich genaue Vorstellung von der Größe ihres Totaleinkommens bilden"[2]. Zensiten dieser Stufen (zwischen 160 und 700 £), welche in der überwiegenden Mehrheit nur 1% bis 2% zahlen, braucht die Behörde nicht allzu scharf zu inquirieren, braucht ihnen die Beweislast nicht allzu dornenvoll zu machen.

Aber, zu je höheren Stufen man die Degressivität erstreckt hätte, desto rigoroser vorzugehen, wäre die Behörde — um nicht hinters Licht geführt zu werden, nicht hohe Steuersummen einzubüßen — genötigt worden. Desto

---

[1] W. Lotz, a. a. O., S. 415. — Im Fabier-Votum wird die „Unvereinbarkeit" des Quellenprinzips mit dem Postulat der Graduation noch schärfer betont: S. 156.

[2] Fabier-Votum, S. 143. — Kries (a. a. O., S. 390), dessen Kritik der I., wie oben bereits betont, so Viele irregeleitet hat, rügt: das englische System bringe mit sich, daß man „den für den eigenen Haushalt gemachten Aufwand, sowie überhaupt die allgemeine Kenntnis von der Vermögenslage eines Zensiten nicht wohl als Anhaltspunkt für die von ihm zu entrichtende Abgabe benutzen kann."

Allerdings nicht, da das Totaleinkommen im Prinzip nicht bloßgelegt wird. Aber die Überlegenheit des englischen Systems beruht doch gerade darauf, daß es, zufolge des „Abfangens an der Quelle", von der Benutzung solchen höchst unsicheren „Anhaltspunktes" dispensiert! Wo er benutzt werden muß — wie beim Abatementverfahren — steht er beim englischen System genau so zur Verfügung wie beim preußischen System.

mehr wäre, zufolge Ausdehnung des Zwangs zur Bloßlegung des Totaleinkommens auf eine größere Zahl von Zensiten, der Reibungswiderstand verschärft, wären die Kosten gestiegen; das heißt: desto mehr von gewissen Vorteilen, um derentwillen das Quellenprinzip adoptiert war, wäre drauf gegangen. So blieb es, wenn auch die Schatzkanzler einräumten, daß „grundsätzlich Alles spreche" für Weiterführung der Staffelung, bei der 700 £ Grenze. Erst 1910 kam, ein Hauptstück des „socialistic budget" Lloyd Georges, die Supertax. Diese als „schwachen Anfang" zu kennzeichnen[1], ging zwar schlechterdings nicht an. Denn für die Reichen trat doch dadurch, daß die Supertax den Einkommen über 5000 £ (für den 3000 £ überschreitenden Betrag) ein Extra von 6 pence aufhalste — bei einem Normalsatz von 14 pence, den sie für ihr bereits an den Quellen abgefangenes Einkommen gezahlt hatten — eine Zuschlagsbelastung von 40 % ein; absolut ein Steuerplus von rund 3½ Million £. Aber ein sonderbar inkonsequentes Gepräge wies, hinsichtlich Staffelung des Satzes nach der Höhe, die I. nunmehr auf.

Bis 1910 hatte sie, wie unsere Einkommensteuer vor 1891, schlecht und recht im Zeichen der Degressivität gestanden; wie hüben den Einkommen unter 3000 Mk., so war drüben den Einkommen unter 700 £ eine beträchtliche Ermäßigung zugebilligt gewesen, während alle höheren Einkommen dem Normalsatze unterlagen. Jetzt war die I. bis zur 700 £ Grenze degressiv; dann wurde sie, für die Einkommen zwischen 700 und 5000 £, proportional; um schließlich, von 5000 £ ab, mit einem Schlage, mit einem wesentlich höheren als den Normalsatze zu operieren, der jedoch sich nicht weiter erhöhte, für Einkommen von 5000 £ der gleiche war wie für Einkommen von 50 000 £. Die preußische Einkommensteuer dagegen ließ den Satz „mit bedächtger Schnelle", ohne Bruch und Ruck, avancieren von $^2/_3$ % für Einkommen von 900 Mk. bis 4 % für Einkommen von 100 000 Mk. Auch in Preußen schlug, bei der 100 000 Mk.-Grenze, Progressivität in Proportionalität um; auch hier war das Postulat der Graduation nicht tadelfrei durchgeführt; doch klaffte hier, in der Staffelungsleiter, keine so breite Lücke wie in England auf der Strecke 700 bis 5000 £.

Die, welche bei uns den Finger auf diese Wunde der I. legten, hatten darin Recht, daß auch nach 1910 im Punkte der Graduation noch manches zu wünschen übrig blieb; den „sozialpolitischen Geist" (Meisel), der bei uns vorwaltete, mußte befremden, daß die Supertax nur die „upper ten" — sie traf wirklich nur rund 11 000 Zensiten — herauspickte; daß nach wie

---

[1] Wagner-Deite, Teil III 2, S. 27.

vor die Reichen mit 4999 ℒ zu keinem höheren Satze veranlagt waren, wie die Wohlhabenden mit 701 ℒ.

Jedoch auch hier verschwand der Anlaß zur Beschwerde, wenn man genauer hinsah. Denn die **Erbschaftssteuer** „holte reichlich nach", was die I. versäumte, solange sie am Quellenprinzip festhielt, versäumen mußte. Jene „Ergänzungssteuer" war folgerichtiger, war **ungleich kräftiger progressiv** als unsere Einkommensteuer, welche Staffelung des Satzes nur bis zur 100 000 Mk.-Grenze kannte und, auch nachdem sie die Zuschläge erfahren, viel gelinder zugriff als die I., gar erst als die so derb dreinfahrende Erbschaftssteuer. Bis zu Kriegsbeginn ist daher in England von jenem, in der deutschen Literatur immer dick unterstrichenen Gerechtigkeitsmakel der I. nicht viel Wesens gemacht worden. „Das Quellenprinzip zu opfern, um die größeren Einkommen mit höherem Satze heranzuziehen, würde sich nicht lohnen", schreibt der Verfasser des Einkommensteuerartikels des britischen Handwörterbuchs der Politischen Ökonomie[1]. Das Ziel ließ sich eben, ohne das Quellenprinzip zu opfern, erreichen mittelst der Erbschaftssteuer. Gewiß: da letztere nur eine Zuschlagsbelastung der Besitzeinkommen vollzog, an den Arbeitseinkommen (soweit nicht kapitalisiert) vorüberging, während unsere Einkommensteuer beide traf, war **formell** das Problem der Graduation hüben tadelfrei gelöst. **Materiell** jedoch drüben: kraft Kombination der, hinsichtlich Progressivität fragwürdigen I. mit einer selbst weitgehendsten „Ansprüchen steuerlicher Gerechtigkeit" befriedigenden Ergänzungssteuer trugen die Wohlhabenden und Reichen Englands viel, viel schwerere Bürde als die Kapitalmagnaten Preußens. Schon vor dem Kriege stand England, auch was diese Forderung anlangt, in der Technik nicht zurück, sondern voran!

Heute ist auch **innerhalb** der I. die Idee der Graduation voll in Tat umgesetzt; heute steigt deren Satz für Besitz-, wie Arbeitseinkommen mit der Stufe, steigt gleichfalls der Satz der Supertax. Heute deklariert — ohnedem ginge ja solch konsequente Ausgestaltung des Progressivitätsgedankens nicht an — die Gesamtheit der Zensiten, mit einer praktisch bedeutungslosen Ausnahme, ihr Totaleinkommen. Die Zensiten mit weniger als 2500 ℒ (erst mit diesem Betrage hört jetzt das Recht auf Ermäßigung auf, das früher bereits bei 700 ℒ abschloß) tun es **freiwillig**: unter dem Druck der Finanznot hat man sich entschlossen, die „Weitläufigkeiten" auch bei den, eine rigorosere Kontrolle erheischenden Einkommen der Be-

---

[1] „It would not be worth while to abandon the system of assessing income at its source to impose higher rates on the larger incomes"; Bd. II., S. 378.

III. Einwände wider das Quellenprinzip.

güteteren in den Kauf zu nehmen; anbetracht der ungeheuerlichen Steigerung des Steuerfußes, und daher riesigen Plus an Steuerprodukt, machte jetzt das Plus an Erhebungskosten ja noch weit weniger aus als im Frieden[1]. Die Zensiten mit mehr als 2500 £ (schon bei diesem Betrage setzt jetzt die Supertax ein, die früher erst die Einkommen über 5000 £ traf) sind dazu verpflichtet: unter dem Druck der Finanznot ist auch die Scheu, durch Zwang zur Bloßlegung den Reibungswiderstand zu verschärfen, überwunden worden. „Heute vereinigt — heißt es im Fabier-Votum — die I. mit außergewöhnlichem Erfolge zwei scheinbar entgegengesetzte Prinzipien"; das des Abfangens an der Quelle, demzufolge der Fiskus nur Teileinkommen gewahrt und das daher der Graduation widerstrebt, mit dem „exakter Ermittelung und individueller Veranlagung des Totaleinkommens", das die Bahn für Graduation frei macht[2].

Ich fasse das Ergebnis meiner Antikritik kurz zusammen:
1. Zwar ist zufolge des Quellenprinzips die Verwirklichung derjenigen Postulate, welchen die I. voll entspricht, verknüpft mit „Weitläufigkeiten"; aber die Kosten lohnen sich durch höhere Ergiebigkeit und Gerechtigkeit, als sie bei Empfängerprinzip erreicht werden kann. 2. Hapert es innerhalb der I. mit Differentiation, so hat an diesem Gerechtigkeitsmakel, der durch das Nebeneinander von I. und Erbschaftsteuer seinen Ausgleich findet, das Quellenprinzip keine Schuld. Dafür, daß es innerhalb der I., bis vorm Kriege, noch stärker haperte mit Graduation, ist das Quellenprinzip allerdings verantwortlich; doch macht auch dieser Gerechtigkeitsmakel sachlich nichts aus, da die Erbschaftsteuer, das zweite Ich der I., wie Zuschlagsbelastung für das Besitzeinkommen gegenüber dem Arbeitseinkommen, so überaus fühlbare Zuschlagsbelastung der höheren Besitzeinkommen gegenüber den niederen erzielt. Nur daß Progressivität obwalte, verschlägt, nicht wie sie durchgesetzt wird: ob innerhalb der Einkommensteuer oder durch Kombination dieser mit der Erbschaftsteuer[3]. Aus der Tatsache der Unvereinbarkeit des Quellenprinzips mit konsequenter Ausgestaltung des Progressivitätsgedankens innerhalb der Einkommensteuer ist daher ein durchschlagendes

---

[1] Vgl. oben S. 22.

[2] Fabier-Votum, S. 144. — Genauer einzugehen auf die Wandlungen, welche die I. während des Krieges erfuhr, erübrigt sich.

[3] Harzendorfs verdienstliche Schrift krankt, neben der verkehrten Auffassung der I. als „Ertragsbesteuerung" (s. oben II), vor allem daran, daß sie das Nebeneinander von Einkommensteuer und Erbschaftsteuer nicht berücksichtigt. Bei einer Kritik der preußischen Einkommensteuer würde Niemand sich des Fehlers, die „Ergänzungssteuer" zu übersehen, schuldig machen!

Argument gegen dieses Prinzip nicht herzuleiten; auch dieser Hauptpunkt der Anklageakte fällt in sich zusammen. 3. Es handelt sich gar nicht um ein Entweder=Oder; vielmehr können, wie verschiedene Besitzsteuerformen, so auch die zwei möglichen Methoden der Einsteuerung des Einkommens neben= einander Anwendung finden. Im Report des Depart.=Committee hieß es: „Das Quellenprinzip zu vertauschen mit dem Empfängerprinzip (principle of direct personal assessment of the whole of each persons income) wäre verkehrt; doch unter Festhaltung am Quellenprinzip den Deklarations= zwang (compulsory personal declarations from each individual of the net income in respect of which tax is payable) allgemein zu verhängen, ist geboten"[1]. Ein Jahrzent später erfolgte die Verbindung. Ob sie auch bei uns zu befürworten sei, ist spätere Sorge. Zunächst kommt es nur darauf an, die Kritik, die man bei uns am Quellenprinzip zu üben pflegt, zu entkräften.

Bevor ich weiter gehe, den Wert der indirekten Methode als Vor= beugungsmittel wider Steuerbetrug, der bisher stets nur kurz berührt wurde, genauer darlege, sei noch darauf hingewiesen, daß gewisse Vorzüge, welche die deutsche Wissenschaft der I. zuzuerkennen nicht umhin kann, gerade dem Quellenprinzip entspringen, um dessentwillen sie das englische System verwirft.

Im Quellenprinzip hat die Geringfügigkeit der Erhebungs= kosten der I. ihren Grund. Dank seiner wird ein erheblicher Teil des nationalen Einkommens — nämlich des Einkommens aus Kapitalrente und des Einkommens aus Gehalt usw. — in einem Stadium gepackt, wo es noch massiert ist. Einsteuerung der Konsolszinsen usw. an der Quelle stellt sich weit billiger als Einsteuerung beim Empfänger; dort zieht der Fiskus gewaltige Beträge mit kleinstem Aufwand zur Steuer heran, hier erwachsen ihm, da er vielfach Bagatellsummen nachzulaufen hat, viel größere Spesen.

Auch beim Fürsichstehen der I. ist das Quellenprinzip im Spiel; da es Verschleierung des Totaleinkommens der Zensiten zur Folge hat, „eignet sich die I. nicht zur Zuschlagsbelastung" seitens der Selbstverwaltungs= körper[2]; dagegen leistet das Empfängerprinzip, mit seiner Bloßlegung, der schädlichen Verkoppelung von Staats= und Lokalbesteuerung Vorschub.

Vor allem aber hängt die Beweglichkeit des Steuerfußes — einer der „bezeichnendsten Punkte" der I., anbetrachts dessen sie „die Ein= kommensteuern aller übrigen Großstaaten überragt", ein „wirklich nach=

---

[1] Artikel „Income tax" der Encyclopaedia Britannica, S. 356.
[2] W. Lotz, a. a. O., S. 414.

III. Einwände wider das Quellenprinzip.

ahmenswertes Beispiel" bildet[1] — mit dem Quellenprinzip zusammen. Nur deshalb, weil die indirekte Methode restlose Erfassung und gleichmäßige Belastung der Einkommen ungleich besser verbürgt als die bei uns in Kraft stehende direkte, darf in England die Steuerschraube derart gewaltsam angerissen werden, wie es dort in Kriegszeiten geschieht. Wucherte drüben Steuerbetrug in dem Maße wie hüben, dann würde solches Manöver zu krassester Unbill ausschlagen, auf leidenschaftlichste, durchaus berechtigte Gegnerschaft stoßen. Natürlich krakehlen auch in England die Zensiten, wenn sie einmal viel kräftiger bluten sollen als üblich; natürlich wird dann auch dort dem Fiskus vorgehalten, solcher Aderlaß sei vom Standpunkt volkswirtschaftlicher Zweckmäßigkeit hochbedenklich: die Henne werde geschlachtet, die die goldenen Eier lege, das heißt die nationale Kapitalbildung zufolge so weitgehender Bindung privater Einkommen geschmälert[2]. Jedoch Widerspruch vom Gerechtigkeitsstandpunkt verlautet kaum. Das Gegenargument, welches bei uns mit schärfstem Nachdruck geltend gemacht werden würde und müßte, nämlich daß die schon bei normalem, niedrigen Steuerfuße schwer fühlbare Ungleichmäßigkeit sich nun zum Extrem zu steigern drohe, erklingt nur ausnahmsweise, heute noch viel seltener als früher. „Bei hohem Steuerfuß — ich wiederhole den schon in der Einleitung zitierten Satz — muß jeder Staatsbürger überzeugt sein, daß, wie er selbst, auch jeder andere nach seinem wirklichen Einkommen herangezogen wird; dann, aber auch nur dann, wird er eine hohe direkte Steuer willig zahlen"[3]. Weil dank des von Addison ersonnenen Tricks der Engländer sich vor Defraude der lieben Mitbürger, wenn auch nicht unbedingt, so doch viel wirksamer geschirmt weiß als der Preuße, erträgt jener ein Anreißen der Steuerschraube, das diesem unerträglich wäre: soll die bei uns so viel bewunderte Elastizität der I. in die deutsche Einkommensbesteuerung verpflanzt werden, so hat zuvor das bei uns so viel gescholtene Quellenprinzip Eingang zu finden. —

---

[1] Wagner-Deite, Teil III 1, S. 37.

[2] Während des Burenkrieges hat man in England aus diesem Grunde recht energischen Widerspruch wider das Emportreiben des Steuerfußes eingelegt.

[3] Im Jahre 1912 schrieb Harzendorf: „Der hohe Stand des Einkommensteuerfußes verringert die Möglichkeit, im Bedarfsfalle erhebliche Beträge durch Steuererhöhung zu gewinnen, so daß in der Zukunft die Schuldenaufnahme eine viel größere Rolle spielen wird als im Burenkriege." — Tatsächlich sind aber im Bedarfsfalle des Weltkrieges durch Steuererhöhung um das Vielfache höhere Beträge aus der I. gewonnen worden als 1899/1902.

IV. Die finanz= und sozialpolitische Überlegenheit des Quellenprinzips.

Daß die I. „mit einem Minimum von Aufwand zu einem Maximum von Nutzeffekt" gelangt, „unter nicht größerer Härte, als jede Steuer sie mit sich bringt, ein geradezu wunderbares Erträgnis" liefert[1], dankt sie ihrer indirekten Methode. „Eine an der Quelle erhobene Einkommensteuer erreicht ihren Zweck" — das heißt möglichst restlose Erfassung aller steuerpflichtigen Einkommen, mit anderen Worten höchste Ergiebigkeit, und möglichst gleichmäßige Belastung, mit anderen Worten höchste Gerechtigkeit — „leichter und sicherer" als eine mit dem Empfängerprinzip operierende[2]. Sich der direkten Methode bedienen, „die Veranlagung im wesentlichen abhängen lassen von den Selbstangaben derer, welchen die Steuer das Einkommen kürzen soll, heißt, an Wahrheitsliebe und Ehrlichkeit Anforderungen stellen, denen die Menschennatur kaum gewachsen ist; an diesem Steine des Anstoßes sind die meisten Einkommensteuern kläglich gescheitert"[3].

Bei Quellenprinzip wird die Bodenrente eingesteuert beim Pächter oder Mieter; die Kapitalrente beim Schuldner, die Dividende bei der Aktiengesellschaft; das Arbeitsentgelt bei der Stelle, wo es ausfließt. Den „distributors of income", nach britischer Terminologie, erwächst zwar dadurch, daß der Fiskus die Steuer von ihnen beitreibt, ihnen die Deklarationspflicht zuspricht, einige Schererei. Aber, da sie die Steuer nur auszulegen, nicht zu tragen haben; da sie berechtigt sind zur Überwälzung auf die „ultimate recipients" — also der Pächter auf den Verpächter zurückgreifen darf usw. — besteht für sie, im allgemeinen wenigstens, kein Anlaß, den Staat zu betrügen[4]. „Wer für einen anderen zahlt, ist weniger abgeneigt zu zahlen, als wer für sich selbst zu zahlen hat[5]." Die Zwischenhände, welche man

---

[1] Report des Dep.-Comm. von 1906, zitiert nach dem Artikel „Income tax" der Encyclopaedia Britannica.

[2] Aus einer englischen Regierungsschrift, zitiert nach W. Hertz, a. a. O.

[3] Fabier-Votum, S. 143.

[4] „The have no personal interest of escaping payment"; Artikel „Income tax" des englischen HWB. der Pol. Ök.

[5] Lotz, a. a. O., S. 413.

IV. Die finanz- und sozialpolitische Überlegenheit des Quellenprinzips.

in England zu Steuersubjekten macht, bedienen in der Regel den Fiskus ehrlicher, als die letzten Hände, denen bei uns gegen Weihnachten der fatale Zettel zugeht. Dem Interesse des Fiskus, das mit dem der Gesamtheit sich deckt, entspricht daher das Quellenprinzip[1].

Die Überlegenheit der indirekten Methode hat sich, wie oben bereits bemerkt, schon bei ihrem Debut glanzvoll bewährt[2]. Früher wurde die Tatsache auch bei uns ohne Rückhalt zugestanden; wurde der Kontrast zwischen dem „geradezu wunderbaren" Erträgnis der I. und dem elend kargen der Einkommensteuer — dieser Kontrast, der, wenn der Wirklichkeit entsprechend, dem preußischen Volke ein schlimmstes Armutszeugnis ausgestellt hätte — oft genug ziffermäßig festgelegt. Im Jahre 1854 lieferte unsere Einkommensteuer nur wenig mehr als 7 Millionen Mk., während „zu gleicher Zeit in England von einer wenig größeren Bevölkerung, zum selben Satze von 3 %, ebenfalls von den über 3000 Mk. hinausgehenden Einkünften eine Summe von 114 Millionen Mk. erhoben" wurde; im Jahre 1864 lieferte unsere Einkommensteuer rund 11 Millionen Mk., die I. dagegen über 160 Millionen Mk.; im Jahre 1876 jene (inzwischen war das Staatsgebiet wesentlich gewachsen) 29 Millionen Mk; diese, bei einem Steuerfuß von noch nicht 1 % (2 p. vom £), 76 Millionen, hätte also bei gleichem Steuerfuß wie in Preußen fast 220 geliefert[3].

Seit langem ist meines Wissens solcher Vergleich nicht mehr aufgemacht. Seit jener Zeit nicht mehr, da man sich bei uns gewöhnte, die „sozialpolitischen Rücksichten" in erste Linie zu rücken — jede Einkommensteuer vornehmlich unter dem Gesichtswinkel zu bewerten, ob sie einerseits den „subjektiven Momenten" genügend Rechnung trage, andererseits die großen Einkommen nach Gebühr stärker zwicke als die kleinen — und nun an der I. Mängel fand, anbetracht deren sie außer Diskussion zu treten habe[4]. Der Vergleich muß, wie mir scheint, endlich einmal wiederholt werden: „the value of a thing is just so much as it will bring", lautet ein britisches Diktum; der Wert einer Steuer hängt doch, mag man „sozialpolitischen Rücksichten" noch so hohes Gewicht einräumen, erstlich davon ab, wieviel

---

[1] „Wenn es richtig sein sollte — schreibt Inhülsen im HWB. der Staatswissenschaften, Bd. IV, S. 733 —, daß eine Person geneigter ist, eine schließlich Dritte treffende Steuer zu zahlen als eine Steuer, welche sie selbst zu tragen hat, so wird im Interesse des Fiskus das Quellenprinzip vorzuziehen sein." — Warum die Verklausierung? Es ist fraglos richtig.

[2] Siehe oben S. 12.

[3] Cohn, a. a. O., S. 423/426.

[4] Vgl. das unter III Gesagte.

sie insgesamt bringt; und ob sie von den einzelnen Zensiten so viel bringt, als sie gemäß ihrem Steuerfuße bringen sollte — oder, Defraude halber, weniger.

Um den Unterschied hinsichtlich der Ergiebigkeit zu belichten, muß, da heute, zufolge Einführung der Differentiation (1907) und der Supertax (1910), die Struktur der I. von der unserer Einkommensteuer allzusehr abweicht, auf das Jahr 1907 zurückgegangen werden. Damals lieferte die I. 680, unsere Einkommensteuer nur 242 Millionen Mk. Ohne weiteres sind auch damals schon die Daten nicht gegeneinander zu wägen.

Denn einmal differierte die **Volksziffer**; dies störende Moment ist aber einfach auszuschalten: da das Vereinigte Königreich etwa 10 % Einwohner mehr zählte als unser Land, so setzt man das Erträgnis unserer Einkommensteuer um 10 % höher an, als es tatsächlich wertete; also auf 266 Millionen Mk. Weiter differierte der **Kreis der Steuerpflichtigen**; auch dies Moment bereitet kein Kopfzerbrechen: da in England die Einkommen unter 3200 Mk. steuerfrei waren, in Preußen die Einkommen zwischen 900 und 3200 Mk. rund 90 Millionen Mk. Steuer brachten, so zieht man von den 266 Millionen Mk. — auf welchen Betrag, angesichts der Volksizfferdifferenz, das Erträgnis unserer Einkommensteuer zunächst emporgesetzt wurde — wieder 90 Millionen Mk. ab; dann bleibt ein Erträgnis von 176 Millionen Mk. Schließlich differierte der **Steuerfuß**, war drüben teils höher, teils niedriger als hüben.

Klarzustellen, wieviel in Preußen, bei gleichem Steuerfuß wie in England, herausgesprungen wäre, erheischt nun einige rechnerische Mühe. Für die Einkommen über 100 000 Mk., die in England 5 %, in Preußen 4 % zahlten, erledigt sich zwar die Kalkulation einfach: sie brachten hüben 37 Millionen Mk., würden, bei gleichem Steuerfuß wie drüben, ein Viertel mehr, also 46 Millionen Mk. gebracht haben. Ebenso für die Einkommen zwischen 14 000 und 30 500 Mk., die in England mit 5 %, in Preußen mit 3 % belastet waren; sie brachten hüben 24 Millionen Mk., würden also, bei gleichem Steuerfuß wie hüben, 40 Millionen Mk. gebracht haben. Und was die Einkommen zwischen 30 500 und 100 000 Mk. anlangt, die in England 5 %, in Preußen zwischen 3 % und 4 % zahlten, so darf ohne Bedenken für Preußen der Mittelsatz von $3^{1}/_{2}$ % dem Exempel zugrunde gelegt werden; sie brachten hüben 31 Millionen Mk., würden also, bei gleichem Steuerfuß wie drüben, ungefähr 44 Millionen Mk. gebracht haben.

Aber der Rest der Einkommen sperrt sich. Denn bei Einkommen zwischen 3200 und 14 000 Mk. avancierte der Steuerfuß in England von 1 % bis nahezu 5 % (dem Normalsatz, der für die Gesamtheit der Ein-

IV. Die finanz- und sozialpolitische Überlegenheit des Quellenprinzips. 35

kommen über 14000 Mk. galt); in Preußen dagegen nur von 2% bis 3%: für die kleineren Einkommen dieser Gruppe stand drüben der Steuerfuß niedriger, für die größeren dagegen viel höher als hüben. Behufs Ermittlung, wieviel in Preußen, bei gleichem Steuerfuß wie in England, herausgesprungen wäre, müßte hier jede der vielen Steuerstufen — bei uns 18 — durchkalkuliert werden; bei den kleineren Einkommen, wo der Steuerfuß drüben niedriger stand, wäre entsprechend der Differenz zu subtrahieren, bei den größeren, wo er drüben höher stand, zu addieren; für jede Stufe nach verschiedenem Schlüssel. Es sei, da es sich ja nur darum handelt, eine ungefähr richtige Vorstellung von dem Maße des Kontrasts zu gewinnen, erlaubt, anzunehmen einmal, daß für die Stufen 3200—9500 Mk., wo der Steuerfuß unserer Einkommensteuer teils über, teils unter dem der I. stand, die Notwendigkeit, zu subtrahieren, mit der, zu addieren, sich ausgeglichen habe; die Einkommen dieser Stufen brachten hüben 47 Millionen Mk.; der Posten bleibt demnach unverändert. Und für die Stufen 9500—14000 Mk., wo der Steuerfuß bei uns durchweg 3% war, in England dagegen von $3^{1}/_{2}$% auf fast 5% avancierte, sei erlaubt anzunehmen, daß er in England durchschnittlich $4^{1}/_{4}$%, den Mittelsatz von $3^{1}/_{2}$% und 5%, betragen habe; diese Einkommen brachten hüben, bei 3%, 15 Millionen Mk., würden, bei gleichem Steuerfuß wie drüben, also $4^{1}/_{4}$%, ungefähr 22 Millionen Mk. gebracht haben.

Fazit: Das — unter Berücksichtigung der Differenz, die betreffs Volksziffer und Pflichtigenkreis zwischen Preußen und England obwaltete — mit 176 Millionen Mk. (statt 242) bezifferte Erträgnis unserer Steuer erhöht sich zwar unter weiterer Berücksichtigung der Differenz betreffs des Steuerfußes, auf rund 200 Millionen Mk. (46 + 40 + 44 + 47 + 22). Aber die I. lieferte 680 Millionen Mk.: weit mehr als das Dreifache!

Gewiß rührte die überragende Produktivität der I. zum Teil daher, daß sie aus volleren Brunnen schöpfte. In England ist die Einkommenschichtung eine andere als in Preußen; dort macht im steuerpflichtigen Gesamteinkommen das der Oberschicht mehr aus als hier, da sie im Durchschnitt größeres, vielfach weit größeres Einkommen bezieht, und schwellt deren Steuersoll das Steuererträgnis ungleich stärker. Doch schon F. von Raumer betont (1810), der „glänzende Erfolg" der Addisonsteuer sei „nicht etwa allein durch den Reichtum der Nation, sondern hauptsächlich durch die Art der in England gewählten Administrationen erzielt"[1]. Und in den Sechzigern erklären die, welche auf Kopierung der britischen Steuertechnik bringen,

---
[1] F. v. Raumer, a. a. O., S. 241.

IV. Die finanz- und sozialpolitische Überlegenheit des Quellenprinzips.

daß „der Unterschied im Wohlstand unmöglich ein so großer sein könne", wie der Unterschied im Steuererträgnis[1]. Auch in England ist ja die Zahl der Großbesitzenden eine recht kleine: die Supertax traf, zur Zeit ihrer Einführung, nur rund 11 000 Zensiten. Auch dort entscheidet über das Steuererträgnis die Klasse der mäßig Begüterten. Aber hinsichtlich dieser besteht zwischen England und Preußen kein so wesentlicher Unterschied im Wohlstand. Drüben, wo das Bodeneigentum sich zusammenballt bei einer Handvoll von Landmagnaten, gibt es längst nicht so viele behäbige Junker; drüben, wo das Aktienwesen in der Industrie eine so wesentlich größere Rolle spielt, sind die Fabrikanten höherer Ordnung dünner gesät; drüben, wo in öffentlichen wie privaten Betrieben Maxime ist, auszukommen mit wenigen hoch bezahlten Chefs, denen eine Menge Subalterner beigegeben wird, hat das Beamtentum mit mittleren Bezügen geringere Verbreitung als hüben. Hauptsächlich kann daher die Tatsache, daß die I. weit mehr als das Dreifache lieferte, sich nur erklären, „durch die Art der in England gewählten Administration": durch die ihr eigentümliche Steuertechnik[2].

Bei uns ist, früher schon und jüngst wieder, auch hingewiesen auf den „verschiedenen Grad sittlicher Reife, der sich in der Steuerzahlung offenbare"[3]. Aber die Fabier bezeugen, daß den Briten von heute das Sichbeknappen für den „Racker Staat" noch genau so widerwärtig sei, wie denen von einst[4]. Der eigentliche Grund der überragenden Produktivität der I. muß darin liegen, daß sie dank dem Quellenprinzip die Brunnen vollständiger ausschöpfte: weil dort der Steuerzahler zumeist nicht zusammenfällt mit dem Steuerträger, wird der Mogelnerv gar nicht gereizt; den nur auslegenden „distributors" braucht, im Gegensatz zu den „ultimate recipients", die in Preußen gepackt werden, „sittliche Reife" gar nicht innezuwohnen!

Sonderbar, daß die deutsche Wissenschaft bei Bilanzierung des englischen mit dem preußischen System, den Umstand, daß die I. finanzpolitisch derart befriedigt wie keine ihrer Kolleginnen, weder die preußische

---

[1] Cohn, a. a. O., S. 426.

[2] „Die einzigartige Ertragsfähigkeit der I. beruht nicht allein auf der Besteuerungsfähigkeit des erfaßten Objektes, sondern zu einem guten Teile auf der besonderen Art" der Steuertechnik; in England besteht „die allgemeine Überzeugung fort, daß die Ertragsfähigkeit in erster Linie herrührt von dem angewandten Erhebungsverfahren, durch das nicht nur für zahlreiche Einkommenarten Hinterziehung unmöglich gemacht, sondern auch die Gefahr betrügerischer Deklaration in weitem Umfange ausgeschaltet wird": Harzendorf, S. 118, 167.

[3] Cohn, a. a. O., S. 426.

[4] Vgl. oben S. 7.

IV. Die finanz- und sozialpolitische Überlegenheit des Quellenprinzips.

noch sonst eine, nahezu völlig außer acht läßt: daß sie, soweit mir bekannt, seit Jahrzehnten einen Vergleich zwischen dem Erträgnis der I. und dem unserer Einkommensteuer nicht mehr beliebt hat. Sonderbar selbst dann, wenn man den Hang der deutschen Wissenschaft, die „sozialpolitischen Rücksichten" voranzustellen, in Betracht zieht.

Denn: wenn überlegen vom Ergiebigkeits-, ist die I. doch dadurch gleichfalls überlegen vom Gerechtigkeitsstandpunkt! Einkreisung der Defraude bedeutet ja nicht nur reichlichere Füllung des Staatssäckels, sondern auch vollkommenere Verwirklichung der Idee des suum cuique. „Das fiskalische Interesse ist zugleich das Interesse gleichmäßiger Steuerverteilung" (Wagner-Deite); entspricht das Quellenprinzip, woran kein Zweifel sein kann, dem Einnahmezweck mehr als das Empfängerprinzip, so auch den Zwecken der Sozialpolitik.

Vom Gerechtigkeitsstandpunkt schaut zwar — ich muß es an dieser Stelle wiederholen — das Empfängerprinzip auf den ersten Blick insofern besser aus, als es dank Bloßlegung des Totaleinkommens „Berücksichtigung der subjektiven Momente" und vor allem Staffelung des Satzes nach der Höhe des Einkommens ohne weiteres gestattet. Aber, was auf der einen Seite gewonnen wird, geht auf der anderen dadurch, daß durch Schuld des Empfängerprinzips Steuerbetrug weit ärger und in viel weiteren Kreisen wuchert, weit mehr als verloren.

Ohne Frage bedeutet es ein Aktivum des Empfängerprinzips, daß dieses Ermäßigung wegen jeglicher „die Leistungsfähigkeit besonders beeinträchtigender Verhältnisse" ermöglicht, während der „Weitläufigkeiten" halber, die bei Quellenprinzip auflaufen, in England nur das Kinderprivileg besteht. Aber weit schwerer wuchtet doch das Passivum: das „objektive Moment" — der Zifferbestand des Totaleinkommens, der die Grundlage aller Veranlagung zu bilden hat — wird bei Empfängerprinzip in ungleich mehr Fällen falsch „berücksichtigt" als bei Quellenprinzip, gemäß dem zwar das Totaleinkommen direkt überhaupt keine Ermittelung findet, aber indirekt durch exakte Ermittelung der Teileinkommen, aus denen es sich summiert, seiner wirklichen Höhe gemäß belastet wird. Angenommen: der Staatsbeamte A. und der Rentner B. beziehen gleiches Einkommen von 10 000 Mk.; aber A. hat zufolge Krankheit in der Familie oder Notwendigkeit der Unterstützung armer Verwandter weit schlechteres Auskommen. In Preußen kann A. Ermäßigung erlangen, in England nicht. Aber was verschlägt das aus der Berücksichtigung solcher subjektiven Momente sich ergebende, recht geringfügige Minus im Steuersoll des A. für die Sozialpolitik, wenn in Preußen der Beamte für die ganzen 10 000 Mk. zahlt, der mit Erfolg mogelnde

38 IV. Die finanz- und sozialpolitische Überlegenheit des Quellenprinzips.

Rentner nur für 5000 Mk. — daß in England, wo für Beide Quellen=
besteuerung statt hat, B. wie A. nach ihrem wirklichen Einkommen belastet
werden, verschlägt doch viel mehr?

Ohne Frage bedeutet es ein Aktivum des Empfängerprinzips, daß
dieses Ausgestaltung des Progressivitätsgedankens über die ganze Einkommen-
steuerleiter hin ohne weiteres ermöglicht; das Quellenprinzip wiederum der
„Weitläufigkeiten" halber, die bei ihm auflaufen, nicht. Aber weit schwerer
wuchtet doch jenes Passivum. Angenommen: der Staatsbeamte C. bezieht
ein Einkommen von 15 000 Mk., der Rentner D. eines von 100 000.
In Preußen beträgt der Satz für C. nur 3%, für D. 4% — gerecht;
in England unterliegt D. wie C. dem Normalsatz (vor dem Kriege, s. o.
S. 28) — ungerecht. Aber was verschlägt für die Sozialpolitik das sich
aus der Staffelung nach der Höhe des Einkommens ergebende, nur un
bedeutende Minus im Steuersoll des C., wenn in Preußen der Beamte
für die ganzen 15 000 Mk. die 3% zahlt, der Rentner die 4% nur für
70 000 — daß in England D. wie C. nach ihrem wirklichen Einkommen
belastet werden, verschlägt doch viel mehr?

Berücksichtigung aller subjektiven Momente und wirksamste Ausgestaltung
des Progressivitätsgedankens sind schlechthin notwendige Normen; aber doch
sekundäre gegenüber der primären Norm denkbar zutreffendster Feststellung
des ziffermäßigen Betrags des Einkommens, des „objektiven Moments".
Das Urteil über die beiden konkurrierenden Steuertechniken lautet kurz: **die
Nebensachen erledigen sich bei Empfängerprinzip besser;
die Hauptsache bei Quellenprinzip.** Dank ihm wird, wenn auch
auf einem Umwege, die Belastung der Zensiten nach ihrem wirklichen Einkommen ungleich sicherer erreicht, als sie bei Empfängerprinzip erreicht werden
kann: solange die Zensiten noch keine Engel geworden sind. Der Deduk-
tionsbeweis zugunsten der indirekten Methode — wer für einen Anderen
zahlt, hat weniger Anlaß zum Mogeln, als wer für sich selbst zahlt —
wird durch den oben mittelst Vergleichs des Ertragnisses der l. mit dem
unserer Einkommensteuer geführten Induktionsbeweis vollauf bestätigt[1].

Absoluten Defraudeschutz gewährt ja auch das Quellenprinzip nicht;
auch dieser Steuertechnik kommen die „menschlichen Unvollkommenheiten" in
die Quere.

Trotzdem ihn die Steuer auf Kapitalrente eigentlich nichts angeht, mag
der Schuldner sie doch — im Interesse des Freundes, des Verwandten, von

---

[1] Ein weiterer Induktionsbeweis folgt unter V.

IV. Die finanz- und sozialpolitische Überlegenheit des Quellenprinzips.

dem er geborgt hat; dem er sie zu überwälzen berechtigt wäre — unterschlagen. Bei solchen Darlehn ist ja Entdeckung des Steuerbetruges schwerlich zu besorgen. Selbst von der Kapitalrente[1] entschlüpft ein Teil. Aber ein Gegengrund läßt sich daraus keineswegs herleiten; denn Zinseinkommen dieser Art wird auch bei Empfängerprinzip zumeist hinterzogen. Und nur ausnahmsweise, hauptsächlich nur bei solchem Zinseinkommen — kaum bei Pacht und Miete, selten bei Arbeitsentgelt — steht es so, daß der Distributor wagen wird, dem Fiskus auszubiegen; denn er haftet ihm ja, er hat die Steuerstrafe ja zu tragen!

Wie mit Defraude im Interesse Dritter ist mit Defraude, geübt im eignen Interesse des Pflichtigen, zu rechnen; doch gleichfalls nur in recht kleinem Umfang. Allerdings könnte der Distributor dazu verleitet werden, wenn er zu befürchten hätte, daß die Steuer, die für ihn eigentlich nur einen durchlaufenden Posten bilden soll, auf ihm sitzen bleibe. Allerdings ist er — Schuldner, Pächter, Mieter — häufig der wirtschaftlich Schwächere; der ultimate recipient — Gläubiger, Verpächter, Vermieter — der wirtschaftlich Stärkere. Jedoch: wo das Quellenprinzip auf der ganzen Linie herrscht, wird Überwälzung gleichwohl in der Regel gelingen, somit der Anlaß zum Mogeln entfallen.

Kommt das Projekt einer quellenmäßigen, beim Schuldner einzutreibenden Kapitalrentensteuer auf die Tagesordnung, so erhebt sich stets der Einwand, der Gläubiger möge wohl gezwungen werden, Steuerabzug seitens des Schuldners formell hinzunehmen, nicht aber materiell; er werde sich durch Steigerung des Zinsfußes künftig schadlos halten, die ihm zugedachte Last dem Schuldner zuschieben. In dem Falle, daß nur die Kapitalrentensteuer (oder eine sonstige Spezialeinkommensteuer) im Gewande der Quellensteuer auftritt, besteht ohne Frage die Gefahr, daß die Steuer dem Distributor zur Last falle. Denn, wer eine Summe X verborgt, heischt von ihr gleich große Frucht, wie sie bei sonstiger Nutzungsweise (zum Beispiel Investition in ein Landgut, ein Hausgrundstück) tragen würde: das heißt: er steigert den Zinsfuß entsprechend. Und der Schuldner wird sich's gefallen lassen müssen, wird daher bestrebt sein, die Steuer zu unterschlagen, Defraude im eignen Interesse zu üben; was dem einen glückt, dem anderen (zum Beispiel dem Hypothekarschuldner) nicht.

Wird aber Jedermann, gleichviel, ob er Einkommen bezieht zufolge Verborgens, oder Beteiligung an einer Aktiengesellschaft, oder Verpachtung,

---

[1] Darüber, daß die Möglichkeit, sie an der Quelle abzufangen, das schwerwiegendste Argument für das englische System bildet, vgl. V.

oder Vermietung quellenmäßig getroffen, dann kann die Überwälzung dem Schuldner, bezüglich dem Pächter, dem Mieter, nur ausnahmsweise miß= lingen, kann in ihm nur ausnahmsweise der Trieb, vom Pfade der Steuer= tugend abzuweichen, sich regen. Daß die I. in aller Regel auf Kosten des Empfängers geht, und daher der Distributor in aller Regel „sittliche Reife" bekundet, gilt, soweit ich sehe, in England für ausgemacht[1]. Nur was das Unternehmereinkommen anlangt, bei dem ja — wenigstens wenn es im Einzelbetriebe gewonnen wird — der Steuerzahler zusammenfällt mit dem Steuerträger, droht der Steuerbetrug größere Dimensionen anzunehmen; darüber unten (VI).

[1] Auch bei uns zweifelt, soweit ich sehe, niemand daran, daß dem Distributor die Überwälzung nahezu immer gelinge. — Vgl. Lotz, a. a. O., S. 413, 415; Wagner=Deite, Teil III 1, S. 19.

V. Das Quellenprinzip und das Einkommen aus Kapitalvermögen.

Das „geradezu wunderbare" Erträgnis der I. rührt vor allem daher, daß das Quellenprinzip just betreffs desjenigen Einkommens, bei welchem die Gefahr der Begaunerung des Fiskus das Maximum erreicht, nahezu absoluten Defraudschutz gewährt: der Kapitalrente. Bei diesem Hauptvorzug des englischen Systems, der ihm heute mit viel höheren Werte gutzuschreiben ist als früher, muß des längeren verweilt werden.

1. Mangelhafte Einsteuerung dieses Einkommens bei Empfängerprinzip; Umfang der Defraude.

Während die Steuerbehörde zumeist ohne weiteres festzustellen vermag, daß Jemandem Bodenrente, Arbeitsentgelt, Unternehmergewinn zufließt, und ihr, was diese Einkommen anlangt, mancherlei „äußere Merkmale" auch eine wenigstens ungefähre Vorstellung von der Höhe des Bezugs ermöglichen — selbst von der Höhe des am schwersten kontrollierbaren Unternehmergewinns: Umfang der Betriebsanlage, Leistungsfähigkeit der Maschinen, Zahl der beschäftigten Angestellten und Arbeiter — tappt sie, wenn dem Einkommen aus Kapitalvermögen nachspürend, weit ärger im dunklen. Denn den einzigen, aber überaus unsicheren Fingerzeig darüber, ob einem Zensiten Kapitalrente zufließt und wieviel, bietet dessen Lebenshaltung: Mietwert der Wohnung, Kostspieligkeit der Ausstattung, Dienstboten, Reiseluxus usw.

Wo das Empfängerprinzip herrscht, da bildet dies Einkommen das Kreuz der Kreuze. „Die Kapitalrente verbirgt sich, klagt Schäffle, am meisten, entzieht sich der Besteuerung mit größtem Geschick". Je mehr, heißt es bei Bocke, „Forderungsrechte zu einem beachtenswerten Teil der Vermögen werden, je mehr das Kreditwesen sich entwickelt, desto schwerer hält es der Kapitalrente beizukommen"; vielerwärts, so bis zum letzten Drittel des 19. Jahrhunderts in Frankreich und Rußland, sei auf deren Heranziehung (im Rahmen der Ertragsbesteuerung) verzichtet worden; in Preußen „unterliegt sie zwar der Einkommensteuer, wird aber bekanntlich nur zum allerkleinsten Teil versteuert"[1]. Bei Quellenprinzip dagegen kann das Dividendeneinkommen, von singulären Fällen abgesehen, nicht unterschlagen werden, und wird Zinseinkommen, wenn auch dem Steuerbetrug ein gewisser Spielraum verbleibt, zumeist gepackt[2].

Das in den Achzigern, aus denen die beiden soeben angezogenen Äußerungen stammen, die Kapitalrente ihre Steuerschuldigkeit arg versäumte, war ein öffentliches Geheimnis. Nach Einführung des Deklarationszwangs einerseits, quellenmäßiger Erfassung wenigstens einer Quote der Kapitalrente, nämlich des Dividendeneinkommens, andererseits gestaltete sich die Veranlagung um Einiges günstiger. Aber nach wie vor wurden die Selbstangaben der Privaten vielfach nicht „nach bestem Wissen und Gewissen" gemacht; wie sollte der Fiskus das Vergehen aufdecken? Und, da gegenüber den Aktiengesellschaften das Quellenprinzip nur für den, 3 1/2 % des eingezahlten Kapitals überschießenden Betrag in Kraft gesetzt war, sah sich der Fiskus auch weiterhin gezwungen, Hunderten von Millionen Mark, die unversteuert in die Taschen der Aktionäre verrannen, nachzujagen.

In welchem Maße auch jüngst noch, im letzten Friedensjahre, Hinterziehung stattfand, erhellt, wenn man untersucht, wieviel Kapitalrente damals wohl mindestens in Preußen bezogen worden sei, ein wie großes Steuerträgnis dies Einkommen bei wahrheitsgemäßer Veranlagung mindestens hätte liefern müssen, und dann diese Date vergleicht mit dem Erträgnis, welches es tatsächlich lieferte.

Natürlich läßt sich nur ein annähernd richtiges Bild gewinnen. Manche der einschlägigen Posten — besonders Einkommen aus Bankguthaben usw., Leibrenten — sind höchst dubios. Überall, auch bei den mit leidlicher Bestimmtheit berechenbaren Posten, entsteht eine Schwierigkeit daraus, daß das Einkommen aus Kapitalvermögen, wie jedes andere, je nach der Steuerstufe des Empfängers verschieden hohem Steuerfuße, $2/3$ % bis 4 % (dazu noch die für die obere Schicht recht fühlbaren Zuschläge) unterliegt: im Folgenden wird mit einem Steuerfuße von 3 % gerechnet; da die Kapitalrentner ganz überwiegend den mittleren und höheren Stufen angehören, rechtfertigt sich diese Fiktion. Überall waltet auch eine weitere Schwierigkeit ob; unbekannt ist ja, eine wie große Quote der innerhalb Preußens produzierten

---

[1] Schäffle, Grundsätze der Steuerpolitik, S. 145, 271, 339; Vocke, a. a. O. S. 154.

[2] Dieser Vorzug des Quellenprinzips wird selbst von Kries zugestanden. — „Man kann vermöge des englischen Systems das Kapital, das sich sonst den Augen und Armen der Behörde am ehesten entzieht, ohne alle Frage leichter ergreifen und in vielen Fällen bis auf den Heller besteuern" (a. a. O., S. 388).

V. Das Quellenprinzip und das Einkommen aus Kapitalvermögen.

Kapitalrente von Nichtpreußen bezogen wird, zufolge des Empfängerprinzips der Einkommensbesteuerung entgeht (abgesehen von einem Teile des Dividendeneinkommens). Gleichwohl scheint mir solche Untersuchung, wenngleich sie nur ungefähren Aufschluß vermittelt, unumgänglich.

Der preußische Staat schuldete 1913 langfristig 10,3 Milliarden Mark, die Selbstverwaltungskörper 6,3 Milliarden Mark. Das Einkommen aus Konsols betrug 383 Millionen Mark; das aus Werten der Kommunen — unter Annahme eines 4% Zinsfußes; deren Anleihen wiesen in Wirklichkeit verschieden hohen Zinsfuß auf — etwa 253 Millionen Mark. Das Einkommen aus öffentlichen Rentenquellen hätte also, bei wahrheitsgemäßer Veranlagung, damals rund 19 Millionen Mark Steuer (3% von 383 + 253 = 636 Millionen Mark) bringen sollen.

Innerhalb des Einkommens aus privaten Rentenquellen steht das hypothekarische in erster Linie. Für das Reich wurde damals der Hypothekenbestand mit etwa 65 Milliarden geschätzt[1]; entfielen auf Preußen etwa 40 Milliarden — mehr, als dem Verhältnis seiner Bevölkerung zu der ganz Deutschlands entspricht; aber dort herrschen ja die Großgüter vor, deren Belastung höher zu sein pflegt als die von Mittel- und Kleingütern, welche im übrigen Deutschland die Hauptrolle spielen; und dort gibt es ja mehr Großstädte mit „bis zum letzten Ziegel" bebürdeten Mietskasernen — so betrug, wiederum unter Annahme eines 4% Zinsfußes, das Einkommen aus Hypotheken rund 1600 Millionen Mark, hätte also ein Steuererträgnis von 48 Millionen Mark bringen sollen.

Die preußischen Aktiengesellschaften, Bergbau-, Kolonialgesellschaften, sonstige juristische Personen, Vereine, Einzelfirmen, offene Handelsgesellschaften, Kommanditgesellschaften, Standesherren schuldeten rund 3 Milliarden Mark[2]; unter Annahme eines 4% Zinsfußes betrug das Einkommen aus Obligationen 120 Millionen Mark; also Steuererträgnis von 3,6 Millionen Mark. Die preußischen Sparkassen schuldeten 13 Milliarden Mark; unter Annahme eines 4% Zinsfußes betrug das Einkommen aus Sparkassenguthaben 455 Millionen Mark; also Steuererträgnis von 13,5 Millionen Mark.

Soweit hat sich die Untersuchung auf ziemlich festem Boden bewegt. Das sonstige Einkommen aus Kapitalvermögen und dessen Erträgnis ist dagegen nur „salvo magno erore" zu schätzen. Zunächst das Einkommen aus Guthaben bei Aktieninstituten und Korporationen. Damals wurden die Depositen der „hauptsächlichsten deutschen Banken" mit 4,4 Milliarden, die

---
[1] W. Leiske, in Conrads Jahrb. 1917, Märzheft, S. 274.
[2] Diese und die folgenden Ziffern sind dem Jahrbuch der Preußischen Statistik von 1914 entnommen.

Krebitoren mit 5,7 Milliarden beziffert; die Mitgliedereinlagen der Genossenschaften mit 709 Millionen Mark. Aber wieviel betrug das Einkommen? Da erwachsen mancherlei Skrupel und Zweifel; betont sei nur, daß der Zinsfuß dieser Guthaben stark variiert nach der Kündigungsfrist. Und außer diesen Guthaben fanden sich ja deren noch an so manchen anderen Stellen: bei privaten Banken, Warenhäusern, Industriebetrieben; doch wie groß dies Kapitalvermögen — es muß sich um eine recht beträchtliche Summe handeln; oft genug hat sich, wenn derartige Firmen verkrachten, gezeigt, daß ihnen eine Menge Geld anvertraut war — wie groß das Einkommen aus ihm, und demgemäß das Steuererträgnis, vermag Niemand zu sagen. Ferner kommt noch in Betracht das Einkommen in Gestalt von Leibrenten: da wäre wohl festzustellen, wieviel zur Auszahlung gelangte seitens der dem Reichsamt unterstehenden Versicherungsanstalten; nicht aber, wieviel seitens Stiftungen, Pensionskassen von Aktiengesellschaften und Einzelunternehmungen — im Einzelfalle zumeist Bagatellen, insgesamt durchaus keine „quantité négligéable"! Ignoriert werden darf, wegen seiner beträchtlichen Größe, das Einkommen aus Guthaben und Leibrenten nicht; ich setze es, überaus vorsichtig, sicher zu niedrig, mit mindestens 200 Millionen Mark an; also Steuererträgnis von 6 Millionen Mark.

Im Gegensatz zum Zinseinkommen, von dem bisher die Rede war, ist das Dividendeneinkommen publik; die preußischen Aktiengesellschaften schütteten damals 1,3 Milliarden Mark Reingewinn aus, also Steuererträgnis von 33 Millionen Mark. Schließlich kommt noch in Betracht: das Einkommen aus jenseits der Grenzen angelegtem Kapital, das sich teils als Zins-, teils als Dividendeneinkommen darstellt; entfielen von dem Auslandsvermögen, das man damals für ganz Deutschland auf 20 bis 25 Milliarden Mark bezifferte, auf Preußen rund 15 Milliarden, so betrug, unter Annahme einer durchschnittlich 5% Rentabilität, das Auslandseinkommen etwa 750 Millionen Mark; also Steuererträgnis von 22 Millionen Mark.

Fazit: bei wahrheitsgemäßer Veranlagung hätte damals das Einkommen aus Kapitalvermögen ein Steuererträgnis von mindestens 142 Millionen Mark liefern müssen; das Zinseinkommen 87 Millionen (19 + 48 + 3,6 + 13,5 + 3), das Dividendeneinkommen 33 Millionen, das Auslandseinkommen 22 Millionen. Deklariert war aber damals, von den Zensiten mit über 3000 Mk. ein Bruttoeinkommen aus Kapitalvermögen von rund 2400 Millionen Mark (1914); es lieferte also, wieder mit der Fiktion eines 3% Zinsfußes, nur 72 Millionen Mark. Schlägt man, da ja auch von den Zensiten mit unter 3000 Mk. — deren steuerpflichtiges Einkommen sich insgesamt auf 9700 Mill. Mark belief — Kapitalrente bezogen wurde,

V. Das Quellenprinzip und das Einkommen aus Kapitalvermögen. 45

noch 20 Mill. Mark Steuererträgnis hinzu (was mir zu hoch scheint, da innerhalb des Einkommens dieser Schicht die Kapitalrente eine recht geringe Rolle spielt), so flossen dem Fiskus statt 142 Mill. Mark, die er hätte einheimsen müssen, nur 92 Mill. Mark zu; nur rund zwei Drittel des ihm gebührenden Betrags. Es hat also seit den Achtzigern, wo allseitig behauptet wurde, daß nur ein „sehr kleiner Teil" des Einkommens aus Kapitalvermögen sich der Besteuerung stelle, ein Wandel zum Besseren stattgefunden; aber noch immer bleibt — auf Grund einer Rechnung, welche die Verhältnisse vermutlich in zu günstigem Lichte erscheinen läßt — ein volles Drittel ungeschoren.

Dank dem Quellenprinzip gelingt dagegen in England Erfassung und gleichmäßige Belastung der Kapitalrente ungleich besser[1]. Unter allen Umständen spricht diese Tatsache mit Nachdruck für Übergang zu diesem Prinzip; heute jedoch mit weit stärkerem Nachdruck als vor dem Kriege.

2. Gewaltige Zunahme dieses Einkommens zufolge des Krieges.

Vor dem Kriege wurde das Einkommen des preußischen Volks auf etwa 25 Milliarden Mark geschätzt; stimmt die oben durchgeführte Rechnung, so

---

[1] Ein Teil der Kapitalrente entschlüpft auch dort. — „Beträchtliche Zinsen — heißt es im Fabier-Votum — werden alljährlich von Banken usw. auf die Depositen ausgestellt, die sie annehmen. Von diesen Zinsen wird die Einkommensteuer nicht abgezogen; und sie werden wohl auch, wie zu befürchten ist, gewöhnlich von den Steuerpflichtigen nicht deklariert, besonders wenn sie keine Ermäßigung zu beanspruchen haben. Einem Versuch, den Steuerabzug (wie bei den Hypothekenzinsen usw.) obligatorisch zu machen, widerstanden die Banken mit Erfolg — weil ein solcher Abzug sehr umständlich und der Geschäftsführung schädlich sei; weil der größere Teil der Depositen Finanz- und sonstigen Firmen gutgeschrieben sei, welche die Zinsen wohl unter ihren Einnahmen zu buchen pflegen (sie zu Abt. D. deklarieren); weil ein weiterer erheblicher Betrag, der die numerische Mehrheit der Transaktionen umfaßt, kleinen Leuten gehöre, die unter die Steuergrenze fallen oder eine Ermäßigung zu beanspruchen haben." Zu fordern sei, daß die, welche die Depositenzinsen auszuzahlen haben, die Namen und Adressen der Empfänger dem Steueramt anzugeben verpflichtet würden (S. 165). — Daneben kommt in Betracht: „Verschweigung des Diskonts von Schatzwechseln; Benutzung von Aussteuer- und ähnlichen Versicherungen; Erwerb verfallener Polizen als steuerfreie Anlagen; Einlösung von Obligationen über Pari; Einkleidung von Gewinnen in die Form von Vermögensveränderungen; schließlich gewisse Transaktionen an der Fondsbörse, die einen verschleierten Gewinn gestatten" (S. 145; darüber genauer S. 162 ff.). — Aber — so wird in dem Votum versichert — „diese Hinterziehungen beschränken sich auf eine kleine Klasse und machen weniger aus, als man im allgemeinen glaubt" (S. 144).

war daran das Einkommen aus Kapitalvermögen mit einem zwischen 3 und 4 Milliarden liegenden Betrage beteiligt.

Zufolge des Krieges hob sich aber das Dividendeneinkommen ruckweise. Und auch künftig dürfte es, wenn auch ja dann die Erträgnisse gerade der Gesellschaften, die bisher am meisten verdienten, arg zusammenschrumpfen werden, den Stand von 1914 erheblich überschreiten. Denn der Zug zur Betriebskonzentration wird nicht nur fortdauern, sondern über noch mehr Felder als bisher ausgreifen (ausgreifen müssen, da sonst die Produktivität unserer Wirtschaft das mögliche Maximum nicht erreichen, das Elend, das auf uns lastet, nicht weichen kann) und wird, zumeist wenigstens, kraft weiterer Vergesellschaftung von Einzelunternehmungen oder Ausdehnung von Aktienbetrieben sich vollziehen.

Ungleich mehr noch schwoll das Zinseinkommen an. Selbst wenn die Einsteuerung des unverdienten Vermögenszuwachses bei den Günstlingen Fortunas so vollständig glückt wie geplant; selbst wenn außerdem noch eine große Vermögensabgabe Massen von Kriegstiteln kassieren hilft, wird doch in Konsequenz der „reparation", welche der Feind uns auflegt, eine Reichsschuld von fabelhafter Höhe verbleiben. Und für Wiederherstellung unseres Eisenbahnwesens, Ausbau des Kanalnetzes, innere Kolonisation, Inangriffnahme einer Menge öffentlicher Arbeiten, die von den Selbstverwaltungskörpern während der letzten Jahre notgedrungen verschoben wurden, Neuversorgung des Bergbaus, der Industrie, der Schiffahrt mit Maschinen usw., Ansammlung von Vorräten im Handel, benötigen sich Riesensummen. Man stelle sich die Ausbeute jener zwei Extrasteuern noch so hoch vor, den Tribut an die Entente möglichst niedrig, das Borgen des Staates, der Kommunen, der Aktiengesellschaften, der Privaten beschränkt auf das schlechterdings erforderliche Mindestmaß — das Zinseinkommen wird sich künftig auf mehrere Milliarden mehr belaufen als vor dem Krieg. Zwar steht der Geldwert ja heute viel tiefer; relativ, unter Berücksichtigung der außerordentlichen ziffermäßigen Aufblähung des Gesamteinkommens, verschlägt das Wachstum der Kapitalrente nicht so viel, als das Plus zunächst anzunehmen verleitet. Aber absolut ist die Zunahme doch eine gewaltige; eine „ungeheure Rentnerschicht ist entstanden, für welche der Saugapparat der ganzen Finanzverwaltung zu arbeiten hat" (F. Naumann).

Wie die Dinge liegen, wäre es schwerste Sünde wider die Festbesoldeten, deren Gehalt sich genau nachrechnen läßt, wider die Arbeiterschaft, hinsichtlich deren Lohnes die Auskunftpflicht der Arbeitgeber besteht, wider den Mittelstand in Landwirtschaft, Gewerbe, Handel, dessen Unternehmergewinn an der Hand gewisser äußerer Merkmale ohne allzu große Fehler sich ermitteln läßt;

wäre es schwerste Sünde wider die überwiegende Mehrzahl der Zensiten, wenn das bisherige Veranlagungsverfahren aufrecht bliebe; wenn der einzige, die Erreichung des Zieles gewährleistende Weg nicht beschritten, der Übergang zum Quellenprinzip nicht vollzogen würde. Schon immer bedeutete die bei Empfängerprinzip unausweichliche, faktische Privilegierung der Klasse der Kapitalrentner einen Gerechtigkeitsmakel schlimmster Art: weil diese Klasse, falscher Einschätzung oder Deklaration halber, sich drückte, konnte der Gesetzgeber, damit er die durch die Einkommensteuer aufzubringende Summe einhole, nicht anders, als den Steuerfuß höher zu greifen, den Rest der Bevölkerung, der nicht oder nur in weit kleinerem Stile zu mogeln vermochte, härter zu bedrücken. Handelt es sich künftig darum, ein viel, viel größeres Einkommen aus Kapitalvermögen einzusteuern, und die Steuerschraube viel, viel schärfer anzureißen, so darf jene faktische Privilegierung keinesfalls weiter bestehen, darf die Masse nicht mehr wie bisher ein Recht haben zu der Klage, daß die Minderheit der Zins- und Dividendenbezieher unbillig leichte Bürde trage.

Nach dem Programm der Sozialdemokratie gilt es, die Kapitalrente möglichst auszumerzen — das wäre eine Eisenbartkur; denn ihr zufolge würde der Trieb der Sparsamkeit erschlaffen und so dem wirtschaftlichen Fortschritt schwerer Schaden geschehen. Bleibt aber das überkommene Veranlagungsverfahren aufrecht, in dessen Zeichen die, welche „essen ohne zu arbeiten", von ihrer Portion nicht einmal so viel Steuer zahlen, als sie sollten, dann wird die Kapitalrente immer heftiger befehdet werden; desto heftiger, eine je größere Rolle sie innerhalb des Gesamteinkommens spielt!

Und noch aus einem zweiten Grunde erscheint der Übergang zum Quellenprinzip heute weit notwendiger als früher.

3. Gefahr der Steuerflucht ins Ausland.

Vor dem Kriege war für den Deutschen, da ihm nur mäßige Steuerlast auflag, der Reiz zur Auswanderung gering, heute ist er riesengroß.

Manche meinen ja, daß es so schlimm nicht werden werde. Wer fortziehe, komme doch nur aus dem Regen in die Traufe; auch in Neutralien habe der Finanzbedarf eine außerordentliche Steigerung erfahren. Man vergißt, daß der Krieg dort zwar große Mehrausgaben für den Staat mitsichbrachte[1], aber den Privaten zu gewaltigen Mehreinnahmen verhalf, die nicht, wie bei uns, erzielt wurden auf Kosten des Volksganzen oder anderer

---

[1] Die Schweiz hat eine Mobilisationsschuld von 1300 Millionen Fr. aufnehmen müssen (Rede Mottas im Nationalrat am 5. Juni 1918).

Volksgenossen, sondern der Kombattanten (glänzend rentierende Lieferungen von Lebensmitteln, Materialien, Maschinen; mit Gold aufgewogene Schiff= fahrtsdienste). Das heißt: wuchs dort einerseits die Steuerlast, so nahm andererseits die Steuerfähigkeit zu; ob man in der Schweiz, in Holland, in den skandinavischen Ländern künftig eine größere Quote seines Einkommens zu opfern habe als vor dem Kriege, erscheint überaus fraglich. Und selbst wenn es der Fall wäre, würde doch dem Flüchtigen dort ein weit schwächerer Aderlaß bevorstehen; und würde ihm ein weit besseres Auskommen winken als daheim: denn dort erreichte die Teuerung längst keinen so hohen Grad und wird dort weit rascher abebben als bei uns. Man mache sich doch endlich einmal frei von dem „spirit of selfdeception", der uns so lange genarrt hat!

Der Krieg, schrieb vor einiger Zeit die Frankfurter Zeitung, hat „alle Vermögen der Einzelnen gewissermaßen mit einer Hypothek belastet; jedes Vermögen mit einem ideellen Bruchteil." Je größer das Vermögen, mit desto größerem; desto stärker das Interesse der Inhaber, der Haftpflicht ledig zu werden. Und wenn sie sich ihr entziehen, werden die daheim Bleibenden mit desto höherem Betrage haftpflichtig. Kein Zweifel, daß alles geschehen muß, um solcher „Fahnenflucht" (Südekum) zu wehren. Aber wie?

Seit Kriegsbeginn findet eine rigorose Grenzkontrolle statt; seit mehreren Jahren steht die Devisenordnung in Kraft. Doch haben sich damit gerade die, deren Entweichen finanziell am meisten verschlägt, wie Mephisto mit der Polizei „vortrefflich abzufinden" gewußt. Schon mancher Mann mit wohlgefüllten Taschen verzog unbekannt, oder brachte wenigstens einen erheb= lichen Teil seines Mammons draußen in Sicherheit. Unter Vorspiegelung, es handele sich um Rimessen für eingeführte Waren, schob zum Beispiel der Direktor der Mannesmannwerke Millionen in das Land der Eidgenossen ab; wie oft mag gleiches unternommen und geglückt sein? In der National= versammlung wurde neulich mitgeteilt, ein Betrag von etwa 2$^1/_2$ Milliarden Mk. habe den Weg nach der Schweiz gefunden. Erfährt nach Friedensschluß die Grenzkontrolle die schlechterdings erforderlichen Milderungen, fällt die Devisenordnung, deren Aufrechterhaltung, wie jüngst mehrfach verlautete, nur noch für kurze Frist beabsichtigt wird, dann hält es noch weit leichter, der Haftpflicht ledig zu werden.

Allerdings bestimmt das Gesetz vom 26. Juli 1918, daß bei begrün= detem Verdacht das Vermögen beschlagnahmt, der Paß verweigert werden solle und weiter, daß der Exdeutsche die Personalabgaben noch 5 Jahre fort= zuentrichten, zur Sicherung 20 % seiner Habe zu hinterlegen habe, und bei Verstoß wider diese Vorschriften in Strafe zu nehmen, unter Umständen mit

V. Das Quellenprinzip und das Einkommen aus Kapitalvermögen.

Frau und Kindern auszubürgern sei. Die Verordnung vom November 1918 „über Maßnahmen gegen die Kapitalwanderung nach dem Auslande" hat noch weitere Schranken zu ziehen sich bemüht: Wertpapiere jeder Art dürfen nur durch Vermittlung von Banken versandt werden; die Banken sind angewiesen, dem Besitzsteueramt Anzeige zu machen. Die Verordnung vom März 1919 verbietet bis zum 31. März, ausländische Wertpapiere zu exportieren, oder an eine im Auslande ansässige Person zu veräußern oder zu verpfänden, mit gewissen Ausnahmen.

Leider steht nur zu befürchten, daß, wie der früheren, so auch dieser Liebe Mühe umsonst sein werde; daß auch von dieser Kur das „ut aliquid fiat" gelte. Der Desertionslustige liquidiert allmählich, was ihm an Ländereien, Häusern, Unternehmungen eignet; kündigt seine Wohnung, sein Geschäftslokal, seine Hypotheken usw. (Vom Verkauf von Immobilien mag zwar das Steueramt durch die Grundbuchbehörde rechtzeitig erfahren und darf daraufhin sein Vermögen beschlagnahmen — aber nur bei begründetem Verdacht; zumeist wird es ihm gelingen, einen plausiblen Grund beizubringen.) Dann legt er den Erlös in Wertpapieren an. Ausfuhr solcher steht ja eigentlich nur den Banken zu; bei Übertretung des Gebots droht Geldstrafe bis 100000 Mk., Gefängnis bis zu 3 Jahren, Verlust der bürgerlichen Ehrenrechte. Ausfuhr von Wertpapieren wird gleichwohl Platz greifen; denn den Brief- und, was gleichfalls erforderlich wäre, den Paket-, den Güterverkehr mit dem Auslande dauernd mit Erfolg unter Aufsicht zu halten, geht ja doch nicht an. Und erscheint das Schicken auf illegalem Wege zu riskant, so findet sich schon ein Bekannter, der einem bei Gelegenheit einer Fahrt nach der Schweiz den Freundesdienst tut oder ein Schmuggler höheren Stils, der gegen entsprechende „Provision" das Geschäft besorgt. Oder man besorgt es selbst; ebensowenig wie die Inquisition des Briefverkehrs usw. läßt sich die Leibesdurchsuchung der Reisenden auf der deutschen Ausgangsstation im Frieden mit der erforderlichen Strenge weiter führen.

Der Paß kann zwar, falls der Behörde Bedenken aufsteigen, verweigert werden; aber der Desertionslustige verhält sich natürlich derart, daß ihr keine aufsteigen. Mit der Auflassung der Immobilien, die vielleicht den begründeten Verdacht motivieren könnte, wartet er, bis ihm die Reiseerlaubnis zugestanden; ehe das Besitzsteueramt Kunde von der Auflassung erhalten hat, ist die Grenze überschritten. Und wer bei der Behörde auf Schwierigkeiten stößt, hilft durch ein gutes Trinkgeld nach — wenn auch nicht formell, so entscheiden doch materiell über die Paßfrage Subalterne mit bisweilen „einnehmendem Wesen"; zufolge des Krieges hat sich deren Zahl leider erheblich vermehrt. Oder, ist er der magischen Wirkung des blauen Lappens im

Bureau nicht sicher, dann verschafft er sich ein Falsifikat; die heute vielerwärts blühende Industrie der Lebensmittelkarten wird ihr Gegenstück bekommen in einer Industrie der „Steuerfluchtkarten"; diese werden ja mehr kosten als jene, doch man darf sich's ja was kosten lassen. Schließlich: warum erst das Paßbureau oder den Paßfabrikanten in Anspruch nehmen? Auch ohne offiziellen Ausweis ist ja doch von St. Ludwig nach Basel, von Konstanz nach Rohrschach zu gelangen! Dem Dummen, Knausrigen, wenig Bemittelten mag der Export der Wertpapiere und seiner Selbst bisweilen mißlingen; dem Schlauen, Spendablen, Reichen wird er stets glücken.

Ist man aber mit seinem Portefeuille einmal draußen, weshalb dann dem Vaterlande die Personalabgaben noch weiter zahlen, die 20 % der Habe als Bürgschaft hinterlegen? Was könnte zu solcher Liberalität bewegen? Nur die Offenhaltung der Möglichkeit der Rückkehr; aber durch Nachzahlen der hinterzogenen Steuersummen kann ja, nach dem Steuerfluchtgesetz, die Staatsangehörigkeit zurückerworben werden. Sogar die Buße der „Ausbürgerung" hat daher keine Schrecken; und welche Buße sonst ließe sich an dem Fahnenflüchtigen vollstrecken?

„Die Frage bleibt offen, heißt es bei Bamberger, wie die, welche doch alle Schranken durchbrechen, zur Entrichtung der Steuern und Hinnahme der Strafen angehalten werden sollen." Er beantwortet sie dahin, daß die Behörden des Auslandes „hilfreiche Hand leisten" müßten; nur so sei das Ziel zu erreichen. „Deswegen wäre es von großer Bedeutung, wenn entsprechende Vereinbarungen getroffen würden: insbesondere wäre zu vereinbaren, daß die auf Zahlung von Geld lautenden Entscheidungen der Gerichte und Steuerbehörden, die in einem der vertragsschließenden Staaten erlassen sind, in dem anderen zur Ausführung gelangen; erst auf diese Weise wird ein fester Riegel gegen die Steuerflucht vorgeschoben"[1]. Sicher: nur wenn die Behörden des Auslands hilfreiche Hand leisten, wird die lex perfecta. Werden sie es aber tun?

Deutschland hat das Interesse, zu verhüten, daß Reiche ihm davonlaufen. Das Ausland hat leider umgekehrt das Interesse, solche höchst „wünschenswerte Fremde"[2], auch wenn sie ohne Paß, ohne jegliche Beglaubigung als die ihrer Effekten, anlangen, mit offnen Armen zu empfangen und wider alle Anfechtungen zu schirmen. Je mehr Steuerfähigkeit sie der alten Heimat entziehen, desto mehr tragen sie der neuen zu; desto wünschenswerter erscheinen sie dieser, desto hilfreichere Hand werden die Behörden den

---

[1] Bamberger, Köln. Zeitung vom 20. April 1918.
[2] Das englische Einwanderungsgesetz von 1906 spricht von „undesirable aliens".

Erbdeutschen leisten — nicht den auf sie Jagd machenden deutschen Behörden! Vielleicht kommen gleichwohl Vereinbarungen zustande. Dringt das Reich darauf, so willigen die Schweiz usw. unter Umständen ein; obgleich die Gegenseitigkeit für sie durchaus keinen Wert hat, da für absehbare Zeit eine Auswanderung von da nach Deutschland kaum in Betracht kommt. Nur dürfte dieser internationale „Finanzschutz" noch weit mangelhafter ausfallen ausfallen wie der internationale Arbeiterschutz. Der Millionär, von dem bei uns ruchbar geworden, daß er am Gestade des Lac Léman weile, wird überaus schwer aufzufinden sein. Ist unter recht geringem Eifer der dortigen Polizei endlich festgestellt, daß er sich tatsächlich nach Genf gewandt habe, so wird zugleich die Meldung erfolgen, daß er leider jüngst wieder „unbekannt verzogen" sei; er hat rechtzeitig Wind bekommen, hat für einige Zeit sein Quartier nach Florenz oder Nizza verlegt. Solche Vereinbarungen würden keinesfalls „von großer Bedeutung" sein, sondern zumeist auf dem Papier bleiben. „Keiner der eingeschlagenen Wege kann zum Ziele führen" (Graf Westarp); „in der Hauptsache werden nur die ehrlichen Leute getroffen werden" (Erzberger)[1]. Steht auch die „sittliche Notwendigkeit" der Verhütung der Steuerflucht, wie der Schatzsekretär betonte, außer Frage, so ist doch die technische Durchführbarkeit höchst zweifelhaft[2]. Wie schon während des Krieges werden auch künftig just diejenigen die Schranken durchbrechen,

---

[1] Verhandlung über das Steuerfluchtgesetz im Hauptausschuß des Reichstags vom 10. Juni 1918.

[2] Neuerdings, wo die Frage der Anti-Desertionspolitik bei uns wieder außerordentlich lebhaft geworden — schätzt man doch jetzt das bis Mai ins Ausland gegangene deutsche Kapital auf rund 20 Milliarden Mark! —, ist die Rede gewesen von einem „einzigen kühnen Weg", der zum Ziel zu führen vermöge: da die neutralen Länder „die größten Gewinne am Kriege gemacht haben, sollen sie auch verpflichtet sein, zu seiner Finanzierung beizutragen; das könne geschehen durch eine Völkerbundanleihe, noch besser durch eine Völkerbundsteuer, zu der nicht nur das Kapital in den kriegführenden, sondern auch das ganze Kapital in den neutralen Ländern beitragen müßte; erst dadurch würde auch das aus den kriegführenden Ländern ins Ausland verschleppte Kapital mitbetroffen werden; dann gäbe es keine Desertion mehr"! („Köln. Ztg." vom 12. Juni 1919).

Leider wird nur dieser Weg nie beschritten werden; es ist wieder ein sonderbarer Selbstbetrug (vgl. oben S. 48). Denkbar wäre allein, daß seitens des Völkerbundes — auf Druck der Ententemächte, dem die Schweiz usw. eher nachgeben würden, als einem Vorschlage Deutschlands — beschlossen würde, jedes angeschlossene Land habe bei Erfassung der Deserteure „hilfreiche Hand zu leisten". Aber, selbst wenn sich jedes Land einer Kontrolle des Völkerbundes unterstellte, würde, da das Eigeninteresse der Schweiz usw. eben auf Schutz der Deserteure geht, nicht viel dabei herauskommen.

deren Hinausschlüpfen, wenn auch nur um ihres Geldbeutels willen, am meisten zu beklagen. Auch auf dies Gesetz wird das trübselige Wort Rohdes zutreffen: „binnen kurzem werden wir um eine Hoffnung ärmer sein".

Erreichen läßt sich nur Eines, dem aber große finanzielle Bedeutung beiwohnt; nämlich daß Kapitalrente, die, in der alten Heimat produziert, von Exdeutschen bezogen wird, ihren Tribut weiter entrichtet.

Oben ist gesagt: der Desertionslustige verkauft seine Immobilien, macht die auf seinen Namen laufenden Hypotheken usw. flüssig; denn an diesen Besitzstücken könnte der nationale Fiskus sich schadlos halten. Den Erlös legt er — Effektenhabe ist ja immun; wem aus Inhaberpapieren Zins- oder Dividendeneinkommen zufließt, bleibt bei dem überkommenen Veranlagungsverfahren der Steuerbehörde ja verborgen — in Wertpapieren an. Und zwar wird er zumeist anlegen in nationalen. Solange Schweizer usw. Geld so hoch steht (der Zustand wird leider noch unabsehbare Zeit fortwähren; die sonderbaren Schwärmer, die bis vor kurzem davon fabelten, daß die Mark bald nach Friedensschluß die Goldparität wieder erreichen werde, sind wohl inzwischen von ihren Illusionen bekehrt worden), ist es richtige Taktik, so zu verfahren: den Erwerb fremder Effekten so lange zu verschieben, bis sich die Valutarelation bessert. Zu solcher Taktik drängt auch der Umstand, daß nach Kriegsende eine Masse von Titeln auf den Markt flutet — der Prozeß ist ja bereits in vollem Gange: Kriegsanleihe notiert jetzt etwa 75; er wäre auch ohne die Novemberrevolution, die ihn nur beschleunigt und verschärft hat, in Gang gekommen — und demzufolge nationale Wertpapiere sich billiger stellen, das heißt fremde relativ teurer. Später dürfte der Kurs der nationalen wieder steigen: auch deshalb empfiehlt sich, das durch Verkauf von Immobilien usw. frei gewordene Geld in solchen unterzubringen, bezüglich Titel, die man bereits besitzt, nicht gegen fremde zu vertauschen.

Dagegen, daß Zins- und Dividendeneinkommen außer Landes gehe, ist kein Kraut gewachsen. Nur daß es unversteuert hinausgehe, kann durch Übergang zum Quellenprinzip verhindert werden. Solange das Empfängerprinzip herrscht, sind bloß Bezüge aus Hypotheken, Schuldbuchforderungen, Bank- und Sparkassenguthaben zu packen. Deshalb eben entledigt sich, wie bereits bemerkt, wer die Personalabgaben nicht weiter zahlen, der Beschlagnahme der 20% der Habe entgehen möchte, aller „Namenswerte", nimmt dafür Inhaberpapiere herein, deren Erträgnis ihn ohne Kürzung in Genf oder Kopenhagen oder Scheveningen erreicht. Erfolgt dagegen der Übergang zum Quellenprinzip, so zahlt alle in der alten Heimat produzierte Kapital-

V. Das Quellenprinzip und das Einkommen aus Kapitalvermögen.

rente ihre Steuer; dann braucht sich das Reich um Vereinbarungen mit fremden Staaten, die, falls sie zustande kommen, ihren Zweck zumeist verfehlen, nicht zu mühen.

Daß dank Quellenprinzip Einkommen, das ins Ausland geht, „im Prinzip vollständig, in der Praxis wenigstens wohl besser" erfaßt wird als bei Empfängerprinzip, hat man von jeher als einen unleugbaren Vorzug des englischen Systems gepriesen[1]. Und Einkommen aus Kapitalvermögen wird ja nicht nur im Prinzip, sondern auch in der Praxis vollständig erfaßt; wenigstens soweit es von öffentlichen Körpern und Aktiengesellschaften ausströmt. Wie die Dinge heute liegen, anbetracht der drohenden Steuerflucht riesenhaften Umfanges, erheischt nur dieses Aktivum des Quellenprinzips weit dickeres Unterstreichen als einst.

Als „mißlich" am englischen System pflegt betont zu werden, daß Einkommen, das aus dem Auslande zugeht, zum Teil unversteuert bleibe[2]. Doch macht dieser Nachteil unter allen Umständen wenig aus. Denn, wo das Empfängerprinzip herrscht, wird solches Einkommen zwar im Prinzip vollständig erfaßt, in der Praxis aber noch weit unvollständiger als im Zeichen des Quellenprinzips: soll es auch, wie alles sonstige Einkommen, deklariert werden „nach bestem Wissen und Gewissen", so entschlüpft es doch sicher zu großer Quote, da die Gefahr des Ertapptwerdens überaus gering ist. Das englische System gewährleistet wenigstens Erfassung solchen Auslandeinkommens, das den Weg über inländische Zahlstellen nimmt[3].

Und wie die Dinge heute liegen, wiegt dies Passivum des Quellenprinzips erst recht leicht. Denn unser vordem so stattliches Auslandseinkommen[4] ist ja durch den „Riesenausverkauf" amerikanischer, argentinischer, japanischer, russischer, italienischer Werte und Guthaben, zu dem der Krieg zwang, kläglich eingeschwunden. Auf lange Frist wird, zufolge der Vernichtung ungeheurer Massen nationalen Sachkapitals und der Notwendigkeit der Neuschaffung, Zinsfuß und Profit in Deutschland so hoch stehen, daß Wiedervermehrung des Auslandeinkommens kraft Kapitalexports nicht statthaben kann. Der Nachteil des englischen Systems akzentuiert sich heute schwächer, der Vorzug ungleich stärker als vor dem Kriege!

---

[1] Wagner-Deite, Teil III 1, S. 20, 23, 29; Vocke, a. a. O., S. 215, 217.
[2] Wagner-Deite, S. 24.
[3] Eine ziemlich beträchtliche Quote des Auslandseinkommens; vgl. die Angaben bei Harzendorf, a. a. O., S. 187.
[4] Vgl. oben S. 44.

V. Das Quellenprinzip und das Einkommen aus Kapitalvermögen.

Die Möglichkeit, dem Fiskus, das heißt der Gesamtheit der Steuerzahler, das auf Kapitalrente, die ins Ausland geht, entfallende Steuersoll zu sichern; die Möglichkeit, in dieser Weise den finanziellen Schaden der Fahnenflucht Reicher zu vermindern, darf nicht ungenutzt bleiben. Gefahr ist im Verzuge. Je rascher der Übergang zum Quellenprinzip erfolgt, desto größer der finanzielle Nutzen, für desto mehr nationales Vermögen bleibt, wenn auch seine Inhaber sich hinaus geschmuggelt haben, die Haftpflicht bestehen. —

VI. Das Quellenprinzip und das sonstige Einkommen.

Darin, daß die Einsteuerung der Kapitalrente, die bei unserem System das Kreuz der Kreuze bildet, beim englischen System mit einem Minimum von Aufwand sich ermöglicht — auch betreffs solchen Einkommens aus Kapitalvermögen, das nach jenseits der Grenze wandert; auf dessen Erfassung im Zeichen des Empfängerprinzips überhaupt verzichtet werden muß — beruht die „great attraction" des Quellenprinzips. Wie steht es nun mit der Einsteuerung des sonstigen Einkommens?

1. Was den Unternehmergewinn betrifft, so ist zu unterscheiden zwischen Sozietätsbetrieben und Invidualbetrieben.

Bei ersteren legen die Vertreter der Firma die für das Gesamtertägnis geschuldete Steuer aus, stellen sie den Kompagnons, Kommanditisten, stillen Gesellschaftern in Rechnung gemäß deren Anteil am Geschäftsgewinn; Defraude kann zwar vorkommen, ist aber, da einmal Krakehl zwischen den Sozien entstehen mag, wenig wahrscheinlich. Bei letzteren fallen Steuerzahler und Steuerträger zusammen; im Gegensatz zu Pächtern, Mietern, Hypothekar- und anderen Privatschuldnern, Zahlstellen öffentlicher usw. Werte, Arbeitgebern haben Einzelunternehmer das „interest of escaping payment"[1]. Daß sie vielfach Steuerbetrug üben, steht außer Frage.

Angelangt bei der Abteilung D. der I., wo der Unternehmergewinn eingesteuert wird, pflegen unsere Kritiker mit Nachdruck zu betonen, daß das englische System „der Hinterziehung Vorschub leistet" (Wagner — Deite). Damit wird beim Leser das ihm schon durch den Hinweis auf die sozialpolitischen Mängel der I. eingeflößte Mißtrauen noch verstärkt. Aber ganz zu Unrecht. Schon Lauterbach hat gegen solche Irreführung des Urteils Protest eingelegt. „Nehmen wir an," schreibt er, „ein Steuerpflichtiger hat ein Einkommen von 10 000 Mk. aus Kupons, aus Verpachtung eines Stückes Land und aus Gehalt und Prozenten als kaufmännischer Angestellter; wenn er in Preußen nur 8000 deklariert, hat der Staat die

---

[1] Artikel „Income tax" in Palgraves Dict. of Pol. Ec.

Steuer von den letzten 2000 glatt verloren. ... in England kann das (da dort die Kapitalrente, die Bodenrente, das Arbeitsentgelt an der Quelle abgefangen werden) gar nicht vorkommen;" nur wenn dort ein Steuerpflichtiger das Einkommen von 10 000 Mk. „als Alleininhaber zum Beispiel einer Fabrik hat, kann er mogeln durch buchmäßige Verschleierung des Gewinns — in Preußen aber ebenso"[1]. Genau wie bei Quellenprinzip bildet bei Empfängerprinzip die Einsteuerung des Unternehmergewinns den „schwächsten Punkt"[2]. Einen Defekt, der jenem wie diesem Veranlagungsverfahren gemeinsam ist, bloß dem ersteren zu belasten, ist doch schlechterdings unzulässig. Um so mehr, als in England Hinterziehung von Unternehmergewinn nur in geringem Maße stattfand, da dort ja die Erbschaftssteuer, deren Mithilfe eben wieder vergessen wird, eine „sehr wirksame Kontrolle" (Lotz) der Selbstangaben der Alleininhaber ermöglicht.

2. Hinsichtlich der Bodenrente differiert der Wert des englischen Systems je nach der Nutzungsweise des Bodens.

In England, wo Verpachtung die Regel bildet, erledigt sich die Aufgabe der Einsteuerung dieses Einkommens überaus einfach; Skrupel und Zweifel erwachsen nur bei der kleinen Zahl der „gentlemen farmers". In Preußen herrscht Selbstbewirtschaftung durchaus vor; hier fehlt daher dem Quellenprinzip ein Reiz, den es dort ausübt; um dessentwillen es sich in seinem Mutterlande mehr empfiehlt als irgendwo sonst.

Da bei uns Bodenrente zumeist mit Unternehmergewinn verschmilzt, bilden unsere Landlords — die, wenn sie auch nicht wie drüben die Reichsten der Reichen sind, doch zu den schätzenswertesten Steuerkräften zählen — eine recht fatale Zensitengruppe; kaum minder fatal als die der Kuponsschneider. Selbst beim besten Willen, bei tadelloser Steuerehrlichkeit, hielte es für die 23 000 Großgrundbesitzer und 220 000 Großbauern, denen weit mehr als die Hälfte des landwirtschaftlich genutzten Bodens gehört, überaus schwer, eine wahrheitsgemäße Deklaration aufzumachen, und für die Steuerbehörde sie zu prüfen. Vor allem, aber noch manches andere kommt hinzu, deshalb so schwer, weil der Wert des, bei den Herrschaftsgütern auf Tausende von Mark zu beziffernden Teils des Naturalprodukts (Brotkorn, Gemüse, Obst, Fleisch, Milch, Butter, Käse, Eier, Futtermittel, Holz), welcher im Haushalt draufgeht, und ebenso der Wert der eignen Wohnung — man denke an die ostelbischen Edelsitze mit ihren Dutzenden von Zimmern — nur auf Grund eingehendster Rechnungen, bezüglich sorgsamster Schätzungen ermittelt werden kann.

---

[1] Lauterbach, a. a. O., S. 211.
[2] Cohn, a. a. O., S. 414.

VI. Das Quellenprinzip und das sonstige Einkommen.

Aber, ob die Zensiten zumeist dem Ideal entsprechen; ob die Landräte, die das Interesse des Fiskus wahrnehmen „in Nebenbeschäftigung, inmitten bequemer geselliger Beziehungen, welche möglichst ungestört bleiben müssen"[1], zumeist mit der erforderlichen Akribie verfahren, ist leider stark zu bezweifeln[2]. Der Sozialdemokrat Hué wies jüngst darauf hin, daß das Steueraufkommen in den Landgemeinden Preußens mit weniger als 2000 Einwohnern nur 69 Millionen Mark, nur 14 % des Gesamtertägnisses der Einkommensteuer, betrage; „hierher rechnen die typischen feudalen Gutsbezirke", hier steuern die ostelbischen Granden — eine auffallend geringe Summe[3]! Und ein der „Landwirtschaftsfeindlichkeit" schlechterdings nicht bezichtbarer Nationalliberaler erklärte: litten auch die Angriffe, die so oft aus Süddeutschland gegen unsere Steuertechnik gerichtet würden, an Übertreibung, so werde doch zweifellos vielfach längst nicht gezahlt, was gezahlt werden sollte; in Württemberg prüfe man jeden Bauernhof alljährlich aufs genaueste, in Preußen seien Herrschaftsgüter, wo vornehm gelebt werde, „nur ganz schwach belastet". Zu diesen Sätzen Paasche's rief Graf Posadowski „sehr richtig"; er hatte kurz zuvor geklagt, man sehe häufig Personen, welche hohe Luxusausgaben sich leisteten, in so niederen Stufen veranlagt, daß man „einfach starr ist, vor einem Rätsel steht"[4]. Verblüffend — das möchte ich meinerseits noch bemerken — wirkt die Tatsache, daß, während seit Beginn des Jahrhunderts die Güterpreise eine so starke Hausse erfuhren (ungeachtet des Steigens des Zinsfußes, das doch umgekehrt hätte wirken sollen), die landwirtschaftlichen Bezirke Preußens ein nur so schwaches Steuerplus brachten. Oder verstehen etwa die Käufer zumeist nicht zu rechnen, rekrutieren sie sich etwa überwiegend aus Kommerzienräten, die nur den Grand Seigneur spielen wollen, auf die Rentabilität pfeifen?

Durch Übergang zum Quellenprinzip ist exakte Veranlagung dieser Zensitengruppe leider nicht zu erreichen. Ihr gegenüber muß einerseits operiert werden mit den, in der Einleitung durchgesprochenen Maßnahmen: Ersetzung der Landräte durch hauptamtliche Kommissare, usw. Andererseits,

---

[1] Cohn, a. a. O., S. 425.
[2] Auch die Veranlagung der Bauern ist eine höchst mangelhafte. Auch ihnen will es nicht in den Kopf, den Geldwert des Naturalproduktes und der Wohnung, wie das Einkommensteuergesetz vorschreibt, den „Einnahmen" zuzuzählen. Sie betrachten, hört man oft von Steuerbeamten, als „Reineinkommen" nur, was sie im Jahre auf die Sparkasse zu bringen vermochten — suchen aber auch mit diesem Betrage zu entschlüpfen.
[3] Hue, „Neue Zeit" 1918, S. 405.
[4] Sitzung des Reichstags vom 24. April 1918.

wie oben, als von Einsteuerung des Unternehmergewinns die Rede war, bereits gesagt, mit dem anderen „großen Mittel", das neben dem Quellenprinzip sich darbietet: der Errichtung einer allgemeinen Erbschaftssteuer nach britischem Muster, das heißt Nachlaß= und Erbanteilsteuer vereinigend. Hat der Lebende zu befürchten, daß nach seinem Tode die Steuersünden an's Licht kommen — wenigstens in dem Falle, daß eine Mehrzahl von Erben da ist, hat er es zu befürchten — so wird er sich bestreben, sein Reineinkommen nach bestem Wissen und Gewissen anzugeben, die ja etwas saure Mühe der Umrechnung des Naturalprodukts und der Wohnung in Geld auf sich nehmen[1].

3. Während zwecks Einsteuerung des Unternehmergewinns und, soweit Selbstbewirtschaftung üblich, auch der Bodenrente, das Quellenprinzip versagt, läßt sich Defraude des Arbeitsentgelts sowohl beim englischen wie beim preußischen System zur Hauptsache verhüten; doch auch mit Rücksicht auf dies Einkommen gebührt jenem der Vorzug.

Wo das Empfängerprinzip herrscht, geht es zwar an, den Unternehmern die Auskunftspflicht betreffs der Bezüge ihres Personals aufzuerlegen; und, übt die Steuerbehörde das Recht allgemein aus, so ist fast restlose Erfassung des Arbeitsentgelts verbürgt. Aber, da bei Empfängerprinzip die Kapitalrente zu erheblicher Quote entschlüpft, schlägt diese Vervollkommnung der Steuertechnik leider aus zur Verstärkung der Ungerechtigkeit in der Besteuerung, erleidet dadurch die Arbeiterklasse eine Zuvielbelastung gegenüber der Klasse der Kapitalisten, und allen denen, die außer ihnen zu gut wegkommen. Diese böse Folge der guten Absicht, welche den § 26 der Novelle von 1906 hervortrieb, hat neulich ein Arbeiterführer mit Recht scharf hervorgehoben[2].

Bei Quellenprinzip, dank dem wenigstens die Kapitalrente dem Steuerjoch sich beugen muß, steht es anders. Da bedeutet Einsteuerung des Arbeitsentgelts bei den „distributors" nicht nur einen kräftigen Schritt zum Ideal des suum cuique: unter sich wird ja die Arbeiterklasse dann weit gerechter bebürdet, als bei Handhabung der direkten Methode denkbar. Sondern auch Annäherung an das Ziel möglichster Wirtschaftlichkeit der Finanzverwaltung: haben die Arbeitgeber, welche in Preußen nur Auskunft erteilen müssen, auch die Steuer für ihre Beamten und Arbeiter zu entrichten; zwingt der Staat öffentliche Körper wie Private, die Gehälter, Tantiemen, Provisionen, Gratifikationen, Löhne, Pensionen, die von ihnen ausgezahlt

---

[1] Zur Umrechnung des eigenverbrauchten Naturalproduktes sind die Landwirte jetzt schon durch das Umrechnungssteuergesetz gezwungen; auch insofern (vgl. oben S. 2) hat dies an sich üble Gesetz eine heilsame Wirkung gehabt.

[2] Hue, a. a. O., S. 405.

VI. Das Quellenprinzip und das sonstige Einkommen.

werden, entsprechend die Steuer zu kürzen, den Gesamtbetrag auf Einem Brett ihm zuzuführen, so ergibt sich eine beträchtliche Ersparnis an Erhebungskosten, die sich ja gerade bei den Zensiten der unteren Stufen, denen das Gros der Empfänger von Arbeitsentgelt angehört, überaus hoch stellen. Je mehr Boden der Großbetrieb gewinnt, an je weniger Punkten die Industrie usw. sich zusammendrängt, desto billiger kommt das Abfangen an der Quelle zu stehen; desto nachdrücklicher spricht der Umstand, daß bei Empfängerprinzip die Milliarden, statt im Stadium der Massierung, erst nach Zerstäubung unter Millionen von Händen eingesteuert werden, gegen die direkte Methode.

In England fängt man nur das Arbeitsentgelt öffentlicher und gewisser, ihnen gleich gestellter Beamter an der Quelle ab: Abteilung E. der I. Eine Verallgemeinerung dieses Verfahrens würde natürlich auf geharnischten Widerspruch der „distributors", wenigstens der Privaten, stoßen.

Die Unternehmer scheuen einmal die ihnen dann erwachsende Schererei. Viele führen bisher keine Lohnlisten; und, soweit das Personal noch in Kost und Logis steht — Landwirtschaft, Kleingewerbe, Kleinhandel — wäre die Aufmachung mit Schwierigkeiten verknüpft. Aber dem wohlverstandenen Interesse Aller entspräche es, ihnen den Schlendrian auszutreiben. Gäbe die lokale Behörde für Umrechnung der Naturalbezüge in Geld gewisse Anleitungen (heute tut sie es ja schon behufs Kranken= und Invaliditätsversicherung der Dienstboten usw.) so wäre die Mühe nicht allzu groß. Im Reich des Großbetriebs — wo, abgesehen von der Landwirtschaft, Naturalbezüge Ausnahmen bilden — vermöchte der Lohnbuchhalter die Kalkulation ohne weiteres zu erledigen. Was an Spesen aufläuft, ließe sich durch Vergütung von einigen Prozenten des Steueraufkommens wieder erstatten.

Die Unternehmer scheuen aber weiter das Odium, in das sie als Steuererheber bei den Arbeitnehmern geraten könnten; und vor allem die Gefahr, daß die Steuer, welche sie nur auslegen sollen, auf ihnen sitzen bleibe. Fraglos würden zunächst Mißhelligkeiten entstehen, Überwälzungskämpfe gefochten werden. Doch nur für eine Übergangszeit. Bei einiger Vernunft — einmal wird sie doch wiederkehren — muß die Arbeiterklasse sich überzeugen, daß es ihr selbst zum Heile gereicht, wenn ihr nicht mehr wie bisher zunächst x Mark ausgehändigt werden, von denen dann der Fiskus, gestützt auf die Angaben der Arbeitgeber, so und so viel zurückhält (vielleicht zu einer Zeit, wo der Lohn bereits verausgabt ist; mit der Folge kostspieliger, verbitternder Exekutionen); sondern ihr das Arbeitsentgelt sofort gekürzt um das Steuersoll zugeht. Was in England schon seit lange besteht, wäre auch in Preußen durchführbar; durchführbar, im Gegensatze zu

England, auch für die Gesamtheit der Arbeitnehmer[1]; mit Ausnahme nur der Gelegenheitsarbeiter.

Das Wort von den Steuerarten — daß „jede neue schlecht, jede alte gut" — gilt auch für die Steuertechniken. Wenn auch die Anwendung der indirekten Methode auf das Arbeitsentgelt zunächst starken Anstoß erregte, kaum geringeren, wie einst in England ihre Anwendung auf die Kapitalrente, so würde sie nach einiger Zeit genehm werden, der öffentlichen Meinung als die finanz- wie sozialpolitisch rationellere erscheinen.

---

[1] Verallgemeinerung des Quellenprinzips zwecks Erfassung des Arbeitsentgelts ist in England schon mehrfach befürwortet worden. — So z. B. in den Verhandlungen der wirtschaftswissenschaftlichen Abteilung der British Association (1904) durch W. S. Adams: jeder Arbeiter sollte „bear his portion of the Income tax; and to make collection easy, firms should make the deductions when paying wages"; vgl. Westminster Review, 1904, S. 379.

Schlußwort.

Zufolge Übergangs zum Quellenprinzip würde die Einkommensteuer viel mehr liefern; und würde viel gleichmäßiger treffen: der bisher obwaltenden Unterlastung der Zins- und Dividendenbezieher, Überlastung der Gehalts- und Lohnempfänger, wäre ein Ende gemacht.

Grundbedingung höchster Ergiebigkeit und Gerechtigkeit der Einkommensbesteuerung ist die exakte Feststellung des „objektiven Moments", des jedem Pflichtigen zufließenden Einkommensbetrages. Dies primäre Veranlagungsproblem löst sich im Zeichen der indirekten Methode, da den „distributors" die Ehrlichkeit nichts kostet, ungleich vollkommner, für eine weit größere Quote der Pflichtigen, als es im Zeichen der direkten Methode, trotz Inkraftsetzung aller bisher zwecks Hebung der Steuermoral vorgeschlagenen Maßnahmen (Übertragung des Veranlagungsgeschäfts an hauptamtliche Kommissare, usw.) gelöst werden könnte. Zwar bleibt bei Quellenprinzip — sofern nicht die Zensiten Anlaß haben zur „Bloßlegung" — der Betrag des Totaleinkommens im Dunkeln; aber es genügt ja, daß die Teileinkommen, aus denen jenes sich summiert, exakte Feststellung finden; dafür bürgt (abgesehen von dem Unternehmereinkommen, hinsichtlich dessen jedoch das Empfängerprinzig genau so versagt) das Quellenprinzip.

Allerdings ist bei unserem System, anbetracht der allgemein stattfindenden Bloßlegung des Totaleinkommens, den sekundären, von der deutschen Wissenschaft über jenes primäre gestellten Veranlagungsproblemen — Berücksichtigung der subjektiven Momente, folgerichtige Ausgestaltung des Progressivitätsgedankens — leichter beizukommen. Nur verschlägt der Umstand, daß das englische System bei Steuerbefreiung usw. „Weitläufigkeiten" heraufbeschwört, für die Ergiebigkeit nichts: denn das Mehr an Erhebungskosten, das durch die Reklamationen und Restitutionsklagen eintritt, wird dank dem Mehr an Steuerprodukt wettgemacht; während die Gerechtigkeit dabei gewinnt: denn drüben hält sich der Fiskus in der Defensive, liegt den Steuerbefreiung usw. beanspruchenden Zensiten ob, den Nachweis zu führen, daß sie insgesamt nicht mehr als x beziehen; hüben muß dagegen der Fiskus, wenn er sich, das heißt die Gesamtheit der Steuerzahler, geschädigt glaubt, die Offensive ergreifen. Und der Umstand, daß beim englischen System

Staffelung des Satzes nach Höhe des Einkommens über die ganze Einkommensleiter hin sich verbietet, ist irrelevant aus dem Grunde, daß dieses Manko durch die Erbschaftssteuer, wenigstens für die Besitzeinkommen, ausgeglichen werden kann.

Höchste Ergiebigkeit und Gerechtigkeit der Einkommensbesteuerung ist heute noch viel, viel bringlicheres Bedürfnis als vor dem Kriege. Die Riesensummen, welche das Reich heischt, müssen — wenn auch Vermögens- wie Erbschaftssteuer, Verbrauchs- und Erwerbsabgaben wie Monopole mitzutun haben, — doch zu gutem Teile durch Anziehen der Einkommensteuerschraube aufgebracht werden. Je höher aber die Einkommensteuer, desto höher türmen sich die aus den „menschlichen Unvollkommenheiten" erwachsenden Veranlagungsschwierigkeiten; mit desto elementarerer Wucht bricht der Mogeltrieb hervor. Und gerade das am leichtesten entschlüpfende Einkommen, gerade die Kapitalrente, hat jüngst eine ungeheuerliche Zunahme erfahren; gerade dies Einkommen droht, wenn das Empfängerprinzip beibehalten wird, durch Desertion ins Ausland zu gewaltigen Beträgen dem Zugriff des Reichs auszuweichen.

„Wir können nicht länger warten mit der Veranlagungsreform." Nur in der Befolgung des seit Generationen erprobten, während des Krieges von neuem aufs glänzendste bewährten britischen Musters kann sie bestehen. Dann braucht es der Hebung der Steuermoral, die heute weniger zu erhoffen steht als jemals, nicht. —

Printed by Libri Plureos GmbH
in Hamburg, Germany